Mercato
L'économie du football au XXIe siècle

Collection « Essais »

Mercato

L'économie du football au XXIe siècle

Bastien Drut

Stratégiste chez CPR Asset Management

Sous la direction de

Jean-Baptiste Guégan

Journaliste et enseignant en géopolitique du sport

Éditions Bréal

Édition : Myriam Pasek
Correction : Marie-Noëlle Garnier
Design et mise en page : Alain Béthune
Infographie : Loïc Pennanéac'h

Imprimé par CPI Firmin Didot
Le Mesnil-sur-l'Estrée (147557)

ISBN 978 2 7495 3784 9

SOMMAIRE

ÉCHAUFFEMENT

La « bulle » du football professionnel serait prête à éclater

À l'été 2017, le monde du football a été secoué par l'annonce du transfert de Neymar : avec 222 millions d'euros pour la clause libératoire du joueur, le Paris Saint-Germain battait tous les records. L'onde de choc créée par cet événement a largement dépassé les seules frontières du football professionnel.

De nombreux observateurs ont évoqué une « bulle » prête à éclater. Ces craintes n'ont rien de nouveau, comme en témoignent les déclarations des observateurs ci-après.

> « Il faut commencer à s'inquiéter quand des joueurs dont personne n'a jamais entendu parler sont transférés pour plus de 15 millions de livres. Cela fait vraiment penser à un haut de cycle. »
>
> Brian Quinn, à l'époque président du Celtic Glasgow et ancien gouverneur adjoint de la Banque d'Angleterre, *The Guardian*, 30 septembre 2007.
>
> « On trouve tous les éléments d'une bulle qui pourrait éclater », en évoquant les possibles conséquences de la plus grande récession d'après-guerre sur le football professionnel. »
>
> Tom Cannon, universitaire spécialiste des questions d'économie du sport, *FourFourTwo*, 6 janvier 2009.
>
> « Une bulle spéculative qui n'a pas encore éclaté. »
>
> Jean-Michel Aulas, président directeur général d'OL Groupe, *El País*, 15 février 2010.
>
> « Quand la bulle de Premier League finira-t-elle par éclater ? »
>
> Swiss Rambler, un des blogueurs les plus en pointe sur les questions d'économie du football, *Bleacher Report*, 28 juin 2010.

« Le modèle économique des clubs professionnels, à l'échelle européenne, est au bord du gouffre. »

Rapport du *think tank* Terra Nova, février 2011.

« Je pense que la bulle du football est sur le point d'éclater. »

Barry Horne, ancien milieu de terrain de l'équipe du Pays de Galles (59 sélections), *Daily Post*, 16 août 2012.

« C'est de la folie. Cela me fait vraiment penser à la crise des *subprimes* », en parlant de l'endettement des clubs anglais.

Michael Jarman, ancien footballeur devenu stratégiste dans une société de gestion d'actifs, *CNBC*, 12 juin 2014.

« La bulle éclatera bientôt. »

Philippe Piat, président du syndicat international de joueurs FIFPro, *Be IN Sport*, 18 septembre 2015.

« Kyle Walker devient le défenseur le plus cher du monde, à plus de 50 millions de livres. Imaginez ce qu'il coûterait s'il savait centrer. [...] Que ce soit clair, j'aime bien Kyle Walker. Il a de nombreux atouts et c'est une bonne recrue pour Manchester City. Il n'y est évidemment pour rien, mais 50 millions, c'est n'importe quoi. »

Gary Lineker, ancien attaquant de l'équipe d'Angleterre et consultant vedette de *Match of the Day* (80 sélections), Twitter, 14 juillet 2017.

« Il semble que l'inflation accélère. Nous avons passé la barre des 100 millions d'euros l'année dernière et nous passons la barre des 200 millions seulement un an après. Quand on pense que Trevor Francis était le premier joueur au-dessus d'un million de livres [quand il a rejoint Nottingham Forest depuis Birmingham City en 1979] et que cela semblait déraisonnable à l'époque, cela montre le chemin parcouru et le poids qu'a pris le football. Cela va au-delà des calculs, au-delà de la rationalité. »

Arsène Wenger, manager d'Arsenal, *The Guardian*, 3 août 2017.

« Le football européen est une bulle qui finira par éclater. »

Forbes, 11 septembre 2017.

« Tous les transferts ne sont pas des bulles. Mais en regardant les transferts les plus importants en valeur, de celui de Neymar au transfert de Kevin de Bruyne de Wolfsburg à Manchester City pour 75 millions d'euros en 2015, il semble que la majorité d'entre eux sont des bulles. Le prix payé n'est pas justifié par les gains nets du club acheteur. »

Eran Yashiv, professeur d'économie à l'université de Tel Aviv, « The value of top footballers, bubbles, and pitfalls of the free market », *Vox*, 8 octobre 2017.

Les plus importants transferts de chaque mercato sur les 20 dernières saisons (en millions d'euros)

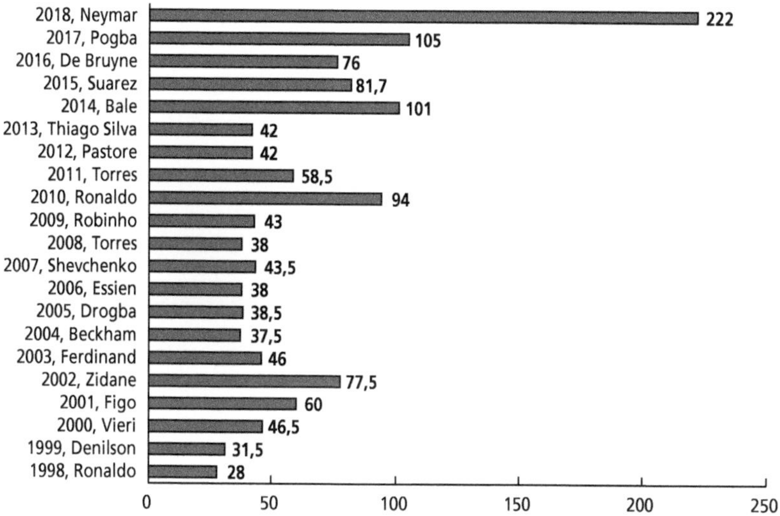

D'après transfermarkt.com

Introduction

FOOTBALL PROFESSIONNEL : UNE BULLE, VRAIMENT ?

L'explosion récente des salaires et des indemnités de transfert dans le football professionnel a amené de nombreux observateurs à parler d'une « **bulle** » **spéculative susceptible d'exploser prochainement**.

Ces interrogations se sont accentuées après les méga-transferts de l'intersaison 2017 puis ceux du mercato d'hiver 2018 : les transferts de Neymar et Kylian Mbappé au PSG et ceux d'Ousmane Dembélé et Philippe Coutinho au FC Barcelone ont en effet tous coûté nettement plus de 100 millions d'euros. Les sommes dépensées pour ces transferts ont été supérieures au record établi la saison précédente lors de l'achat de Paul Pogba par Manchester United pour 105 millions d'euros.

Ces évolutions interpellent et intriguent de plus en plus les amateurs de football comme ceux qui ne s'intéressent pas du tout à ce sport. **Le marché des transferts a fait l'objet d'une attention toujours plus grande ces dernières années.** Il est véritablement devenu l'un des moments clés de la saison pour les médias comme pour les clubs et leurs supporters.

Dans le football comme sur les marchés financiers, il est toujours possible de trouver des commentateurs affirmant qu'il existe une bulle prête à éclater. **Prédire l'éclatement d'une bulle fait toujours sensation et ne coûte pas grand-chose.** Surtout, ceux qui répètent chaque année que les marchés se retourneront ou que la récession[1] éclatera l'année suivante finiront par avoir raison un jour ou l'autre. Toutefois, cela ne doit pas nous empêcher de réfléchir au bien-fondé de la qualification de bulle.

Il est indéniable que les salaires des joueurs professionnels de football et des indemnités de transfert ont augmenté de façon extrêmement rapide ces vingt dernières années. **Est-il pour autant juste d'affirmer qu'il existerait une bulle prête à éclater dans le football professionnel ?** On parle généralement de bulle spéculative[2] lorsque l'on observe « un écart important et persistant du prix d'un actif par rapport à sa valeur fondamentale »[3], mais cela suppose qu'il existerait toujours un modèle permettant de déterminer le prix fondamental d'un actif.

Un premier obstacle pour affirmer qu'il existerait une bulle prête à éclater dans le football professionnel est de connaître la valeur fondamentale des salaires des joueurs et des indemnités de transfert : cela n'a vraiment rien d'évident.

Le plus pertinent pour savoir si l'évolution des dépenses des clubs professionnels (salaires des joueurs et indemnités de transfert) est justifiée est de voir dans quelle mesure elle suit celle des recettes des clubs : est-ce que les dépenses croissent plus vite que les recettes ? Est-ce que les dépenses croissent moins vite que les recettes ? Ou est-ce qu'elles croissent à la même vitesse ?

---

1 En utilisant les datations du NBER, on constate que l'économie américaine a été en récession 14 % du temps après la Seconde Guerre mondiale. En adoptant une approche purement statistique, affirmer qu'il y aura une récession l'an prochain aux États-Unis a donc une probabilité non négligeable de se révéler correct. En revanche, cela ne dit rien sur le *timing* de la récession ni sur les raisons qui la précipiteraient.

2 Une bulle spéculative correspond à une hausse démesurée du cours d'un titre, d'un indice, voire d'un secteur tout entier, se produisant en quelques mois, ou années, et qui finit, bien souvent, par éclater de manière brutale.

3 V. Coudert et F. Verhille, « À propos des bulles spéculatives », *Bulletin de la Banque de France*, 2001.

Nous verrons dans le premier chapitre de ce livre que les salaires des joueurs et les indemnités de transfert ont globalement progressé au même rythme que les recettes des clubs au cours des dix dernières années. Les clubs peuvent donc assumer la progression des salaires et des indemnités de transfert. Mais cela ne fait que déplacer le problème : n'existe-t-il pas finalement une bulle des recettes des clubs prête à éclater ?

Dans les chapitres suivants, nous étudierons en détail les caractéristiques des principales recettes des clubs professionnels et nous verrons que l'économie du football a radicalement changé ces dernières années. Il apparaîtra clairement que le football professionnel n'a jamais été aussi connecté à l'évolution et aux mutations de l'économie mondiale.

Si la progression des recettes des clubs professionnels peut globalement se poursuivre dans le futur, nous verrons que les risques sont nombreux pour l'économie du football du XXIe siècle…

Chapitre 1

PAS DE BULLE DES DÉPENSES

Bulle des transferts et des salaires… ou bulle des recettes des clubs ?

Le moins que l'on puisse dire est que les transferts de Neymar (PSG, 222 millions d'euros), Kylian Mbappé (PSG, 180 millions[4]) et Ousmane Dembélé (FC Barcelone, de 105 à 145 millions[5]) à l'intersaison 2017 puis de Virgil van Dijk (Liverpool, 84 millions) et Philippe Coutinho (FC Barcelone, de 120 à 160 millions[6]) lors du mercato d'hiver 2018 ont attiré l'attention.

Ils ont ravivé les interrogations au sujet d'une « bulle » des salaires et des indemnités de transfert dans le football européen. Une « bulle » qui serait prête à éclater selon les déclarations alarmistes de nombreux commentateurs.

Certaines prises de position catastrophistes[7] laissent penser que le football professionnel serait sur le point de s'effondrer. Dans

---

4 Prêt d'un un an assorti d'une « option d'achat automatique » avec une indemnité de transfert de 180 millions d'euros.

5 Indemnité de transfert initiale de 105 millions, puis 40 millions de bonus divers dont certains sont obligatoires.

6 Indemnité de transfert initiale de 120 millions, puis 40 millions de bonus divers dont certains sont obligatoires.

7 Voir par exemple l'article « Le football européen est une bulle qui finira par éclater » publié sur forbes.com le 11 septembre 2017.

ce chapitre, **nous tenterons d'évaluer si l'évolution des salaires et des indemnités de transfert suit ou non de façon raisonnable celle des recettes des clubs.** Nous verrons notamment que des progrès en termes de gestion financière ont été faits sur les dix dernières années avec la mise en place et le renforcement du contrôle financier par les ligues professionnelles et par l'UEFA.

Un ratio salaires sur recettes qui reste globalement raisonnable en Europe

Il est indéniable que les salaires des joueurs professionnels et des indemnités de transfert ont augmenté de façon très rapide ces vingt dernières années. Focalisons-nous d'abord sur les salaires et essayons de déterminer s'ils sont trop élevés par rapport aux moyens des clubs.

D'après les chiffres de l'UEFA[8], la somme des salaires des footballeurs professionnels en Europe s'élevait à 1,5 milliard d'euros lors de la saison 1995-1996 et à 11,5 milliards lors de la saison 2015-2016, soit une augmentation annuelle moyenne de 10,7 % sur la période. Ces chiffres sont impressionnants. Seulement, en parallèle, il faut souligner que les recettes des clubs (principalement composées des droits TV, des contrats de sponsoring et des recettes de billetterie) ont elles aussi augmenté sur la période en passant de 2,8 à 16,9 milliards d'euros, soit une augmentation annuelle moyenne de 9,9 %.

Pour la pérennité des finances des clubs professionnels, la hausse des salaires de joueurs n'est soutenable que si les salaires n'augmentent pas trop vite par rapport aux recettes. Il est impératif qu'il existe un équilibre entre les salaires et les recettes des clubs.

En réalité, **le ratio salaires sur recettes, c'est-à-dire le rapport de la masse salariale sur les recettes, est l'une des variables clés pour évaluer et mesurer la santé financière des clubs.**

L'UEFA et les clubs eux-mêmes considèrent généralement qu'**un ratio salaires sur recettes inférieur à 70 % permet d'éviter les déra-**

---

8 « The European Club Footballing Landscape : Club Licensing Benchmarking », *Report Financial Year 2015*, UEFA.

pages budgétaires et les déficits. Lorsque l'on considère l'ensemble des clubs européens, le ratio salaires sur recettes a fluctué entre 50 % et 69 % sur la période 1996-2016 (le pic de 69 % a été atteint lors de la saison 2001-2002). Il s'est stabilisé légèrement en deçà de 65 % au cours des dix dernières années et est même retombé à 62 % lors de la saison 2015-2016.

Évidemment, il ne s'agit ici que d'une moyenne européenne. Il y a toujours eu – et il y aura toujours – des clubs et des championnats peu rigoureux où le ratio salaires sur recettes a été nettement supérieur à 70 % et qui se sont exposés à de graves difficultés financières. Par exemple, les salaires représentaient 80 % des recettes des clubs turcs lors de la saison 2014-2015, ce qui est trop élevé. Mais, **pour la grande majorité des clubs et des championnats, le ratio salaires sur recettes n'a rien d'alarmant.**

Football européen : masse salariale et recettes

(en milliards d'euros)

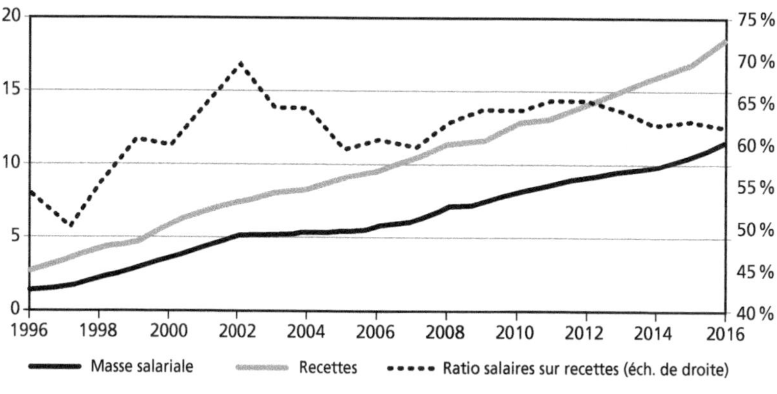

D'après l'UEFA.

En ce qui concerne les cinq principaux championnats (Allemagne, Angleterre, Espagne, France, Italie), **les chiffres du cabinet Deloitte montrent que le ratio salaires sur recettes est resté en dessous de 70 % lors des dernières saisons,** même si ce ratio est resté généralement un peu plus élevé en France et en Italie et un peu plus faible en Allemagne. Lors de la saison 2015-2016, ce ratio était de 63 % en Premier League, le championnat européen le plus puissant d'un point de vue économique, de 49 % en Bundesliga, de 61 % en Liga, de 69 % en Ligue 1 et de 70 % en Serie A.

Étant donné que les inquiétudes au sujet d'une éventuelle « bulle » concernent principalement les très grands clubs européens, il est intéressant d'aller y regarder de plus près.

Les 15 clubs européens avec la masse salariale la plus importante lors de la saison 2015-2016

Club	**Masse salariale** (en millions d'euros)	**Ratio masse salariale sur recettes**
FC Barcelone	372	60 %
Manchester United	321	47 %
Real Madrid	307	49 %
Chelsea	298	68 %
Manchester City	294	55 %
Paris Saint-Germain	292	54 %
Liverpool	281	69 %
Bayern Munich	270	46 %
Arsenal	263	55 %
Juventus	221	69 %
Milan AC	161	72 %
AS Rome	156	71 %
Tottenham	140	50 %
Borussia Dortmund	140	49 %
Atlético Madrid	137	60 %

Comme l'indique le tableau ci-dessus, la masse salariale des plus grands clubs d'Europe allait de 47 % des recettes (Manchester United) à 72 % (Milan AC) lors de la saison 2015-2016. Les dépenses salariales des grands clubs sont donc très raisonnables lorsqu'on les compare aux recettes.

Prenons l'exemple du Real Madrid, le club « galactique » par excellence, celui qui défraie régulièrement la chronique pour ses recrutements onéreux sur le marché des transferts. Son ratio masse salariale sur recettes n'a jamais dépassé 60 % depuis la saison 2002-2003 et le club cible un ratio de 56 % pour la saison 2017-2018. D'après les chiffres de la Direction nationale de contrôle de gestion (DNCG), le ratio masse salariale sur recettes du Paris Saint-Germain – l'un des clubs pointés du doigt comme étant à l'origine d'une potentielle « bulle » – n'était que de 54 % lors de la saison 2016-2017.

Globalement, l'examen des chiffres permet de conclure simplement que la progression des salaires dans le football européen n'a fait que suivre celle des recettes. Ceci est vrai en particulier pour les très grands clubs européens, comme les exemples du PSG ou du Real Madrid en attestent. En ce qui concerne les salaires, il ne semble donc pas approprié de parler de bulle.

Des méga-transferts… que les clubs ont les moyens d'effectuer

« On a passé la barre des 100 millions d'euros l'an passé avec Paul Pogba, et en seulement une année on dépasse la barre des 200 millions. C'est incommensurable et irrationnel. » Tels ont été les mots d'Arsène Wenger au sujet du transfert de Neymar au PSG.

Comme lui, de nombreux observateurs ont déclaré que les prix pratiqués auraient augmenté de façon « irrationnelle », évoquant une possible bulle sur le marché des transferts. Les médias se sont ainsi focalisés sur les méga-transferts phares de l'intersaison 2017 et du mercato d'hiver 2018 (Neymar, Kylian Mbappé et Ousmane Dembélé, puis Virgil van Dijk et Philippe Coutinho).

Ces transferts ont certes battu des records, mais il convient de souligner également que les transferts de taille « intermédiaire » se sont multipliés. Il y a eu aux alentours de 25 transferts dont l'indemnité a dépassé 30 millions d'euros pour chacune des saisons 2016-2017 et 2017-2018 alors que ce nombre n'était que de 15 pour la saison 2014-

2015 et n'a que très rarement dépassé 5 avant 2012 (en réalité, ce n'est arrivé que lors de la saison 2001-2002). **Ce n'est donc pas uniquement les prix d'une poignée de superstars qui ont augmenté, mais les prix d'un groupe bien plus large de joueurs.**

Nombre de transferts dont l'indemnité dépasse 30 millions d'euros

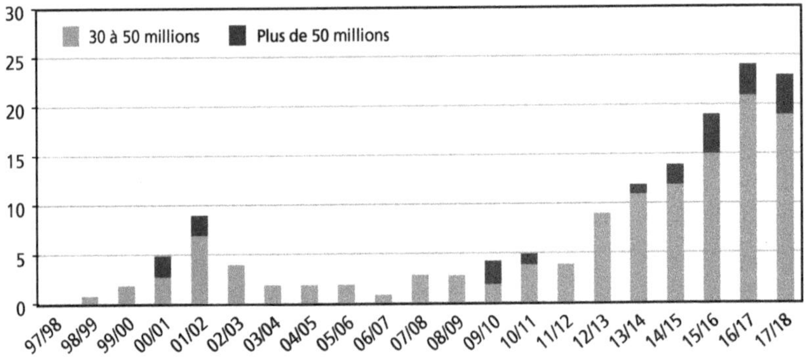

D'après transfermarkt.com.

Comme pour les salaires, il n'est possible de savoir si les clubs ont les moyens de dépenser autant en indemnités de transferts qu'en les comparant aux recettes des clubs[9].

Prenons le cas d'un joueur recruté contre une indemnité de transfert de 50 millions d'euros et ayant signé un contrat de cinq ans : la valeur comptable du contrat sera de 40 millions d'euros au bout d'un an et la charge d'amortissement (c'est-à-dire la perte de valeur de cet actif au niveau comptable) sera de 10 millions d'euros au bout d'un an.

C'est cette charge qui apparaît dans le compte de résultat des clubs chaque année. Les honoraires versés aux agents constituent l'autre élément important intervenant dans le calcul du coût des transferts. Le graphique suivant montre que les coûts de mutation[10]

9 Rappelons que les contrats de travail des joueurs constituent un actif pour les clubs, dont l'amortissement constitue une charge inscrite dans le compte de résultat.

10 Les coûts de mutation rassemblent l'amortissement des indemnités de transfert et les honoraires versés aux agents.

pour les clubs de Ligue 1 représentent un peu moins de 20 % de leurs recettes et que cette proportion a été très stable sur les dix dernières années.

Pour la saison 2015-2016, le coût des mutations représentaient 17,5 % des recettes pour les clubs de Ligue 1 considérés dans leur ensemble et 19,5 % dans le cas du Paris Saint-Germain. Pour la saison 2016-2017, l'amortissement des indemnités de transfert a représenté 25,7 % des recettes pour Manchester City, 21,4 % pour Manchester United et 18,2 % pour Arsenal.

Ligue 1 : rémunération des joueurs et coût des mutations

(en % des recettes)

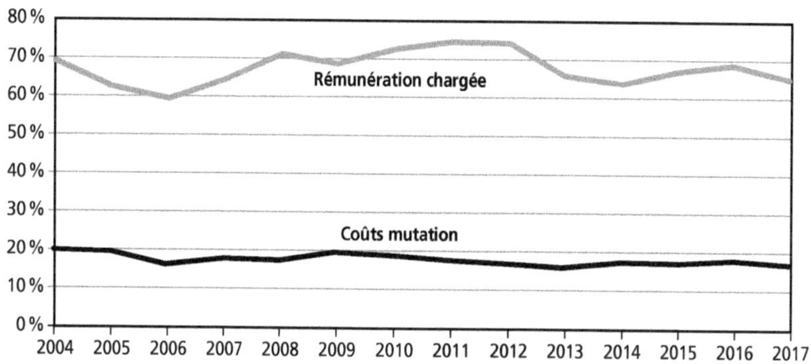

D'après la Direction nationale de contrôle de gestion (DNCG).

Comme pour les salaires, il y a toujours eu – et il y aura toujours – des clubs qui dépensent des indemnités de transfert trop importantes par rapport à leurs moyens et qui connaîtront par la suite de graves difficultés financières, mais, en moyenne, les clubs professionnels engagent des indemnités de transfert en phase avec leurs recettes. **En clair, même si les montants ont beaucoup augmenté, les clubs engagent des dépenses en transfert raisonnables par rapport à leurs recettes.**

Après le transfert de Neymar au PSG, Tim Bridge, membre du département Sport du cabinet Deloitte, indiquait : « Les gros chiffres attirent l'attention et les gens se demandent si tout cela est soutenable.

Mais l'évolution des dépenses de transfert reste proportionnelle à l'évolution des recettes. »[11]

Les 20 joueurs les plus chers selon le modèle de l'Observatoire du football CIES (au début 2018, en millions d'euros)[12]

Montant	Joueur	Club
213	Neymar	PSG
202,2	Lionel Messi	FC Barcelone
194,7	Harry Kane	Tottenham
192,5	Kylian Mbappé	PSG
174,6	Paulo Dybala	Juventus
171,3	Dele Alli	Tottenham
167,8	Kevin de Bruyne	Manchester City
164,8	Romelu Lukaku	Manchester United
150,2	Antoine Griezmann	Atlético Madrid
147,5	Paul Pogba	Manchester United
140,6	Leroy Sané	Manchester City
140,5	Mohammed Salah	Liverpool
138,2	Raheem Sterling	Manchester City
128,7	Luis Suarez	FC Barcelone
126,8	Marcus Rashford	Manchester United
123	Philippe Coutinho	Liverpool
122,6	Gabriel Jesus	Manchester City
119,6	Eden Hazard	Chelsea
113	Gonzalo Higuain	Juventus
108	Alvaro Morata	Chelsea

11 « Record football transfer deals within the realms of the rational », *Financial Times*, 25 août 2017.

12 *Lettre* n° 209 de l'Observatoire du football CIES, 8 janvier 2018. À l'époque de la sortie de cette *Lettre*, Philippe Coutinho n'avait pas encore officiellement signé au FC Barcelone. L'estimation de sa valeur par le CIES (123 millions d'euros) n'était pas très éloignée des 120 millions d'euros d'indemnités de transfert annoncés quelques jours plus tard.

Il est fort probable que les indemnités de transfert continuent à dépasser régulièrement la barre des 100 millions d'euros lors des prochaines saisons. Selon les estimations de l'Observatoire du Football CIES réalisées le 8 janvier 2018, 26 joueurs valaient plus de 100 millions d'euros.

Une meilleure gestion financière après la crise du début des années 2000… puis grâce au *fair-play* financier

Il semble que les clubs européens aient progressivement intégré une gestion financière plus rigoureuse en adaptant les salaires et les indemnités de transfert à leurs recettes. Cela n'a clairement pas toujours été le cas par le passé.

Le football européen a connu une **crise de surinvestissement** au tout début des années 2000, avec des dépenses de salaires et de transferts bien trop importantes par rapport aux recettes. Lors de la saison 2001-2002, le ratio salaires sur recettes des clubs de Série A était même de 99 % (rappelons qu'on estime généralement qu'un ratio salaires sur recettes supérieur à 70 % occasionne des difficultés financières). Les clubs italiens n'étaient pas les seuls à dépenser de façon peu responsable puisque ce ratio était de 90 % pour le Real Madrid lors de cette même saison. Les indemnités de transfert étaient également très élevées par rapport aux ressources des clubs. On peut notamment mentionner les transferts au Real Madrid de Zinedine Zidane pour 73 millions d'euros en 2001 et de Luis Figo pour 60 millions en 2000, ou encore les transferts à la Lazio de Hernan Crespo pour 55 millions d'euros en 2000 et de Gaizka Mendiata pour 48 millions d'euros en 2000.

Au passage, il est intéressant de noter que l'indemnité versée en 2001 par le Real Madrid pour le transfert de Zinédine Zidane représentait 53 % des recettes du club lors de la saison précédente alors que la clause libératoire de 222 millions d'euros versée par le Paris Saint-Germain pour Neymar en 2017 – qui constitue de loin la plus grosse dépense sur le marché des transferts en termes absolus – ne représentait que 46 % des recettes du club parisien lors de la saison précédente.

Par ailleurs, l'indemnité versée par le Paris Saint-Germain à l'été 2000 pour recruter Nicolas Anelka (34 millions d'euros) représentait 59 % des recettes du club la saison précédente. **Proportionnellement, Anelka a donc plus coûté à son club que Zidane ou Neymar !**

Les 25 plus grosses dépenses de transfert du Paris Saint-Germain

(exprimées en % des recettes du club
la saison précédant le recrutement)

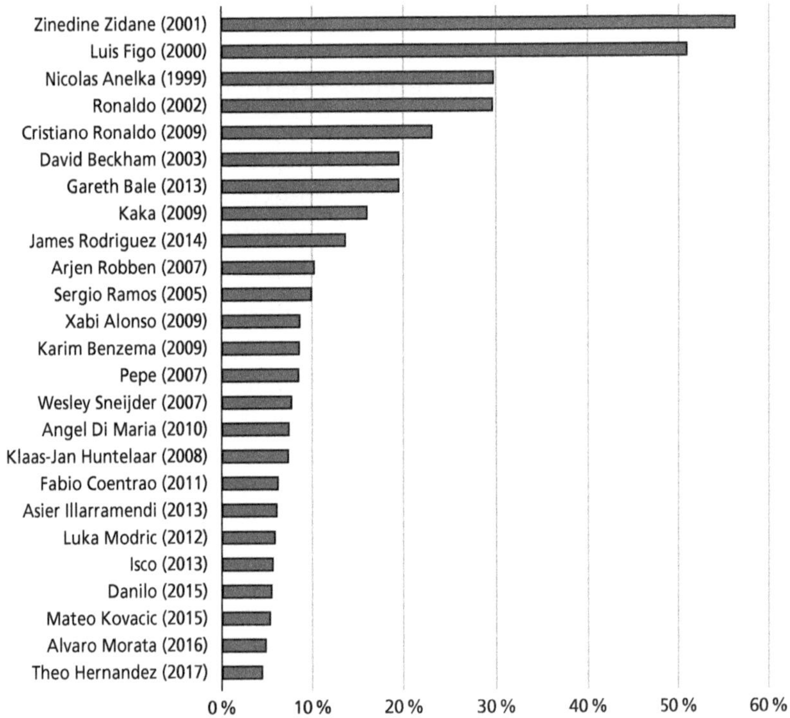

D'après transfermarkt.com et la DNCG[13].

13 Dans le cas de Kylian Mbappé, le transfert définitif interviendra à l'issue de la saison 2017-2018 et une hypothèse de recettes de 500 millions d'euros a été faite.

Les 25 plus grosses dépenses de transfert du Real Madrid

(exprimées en % des recettes du club la saison précédant le recrutement)

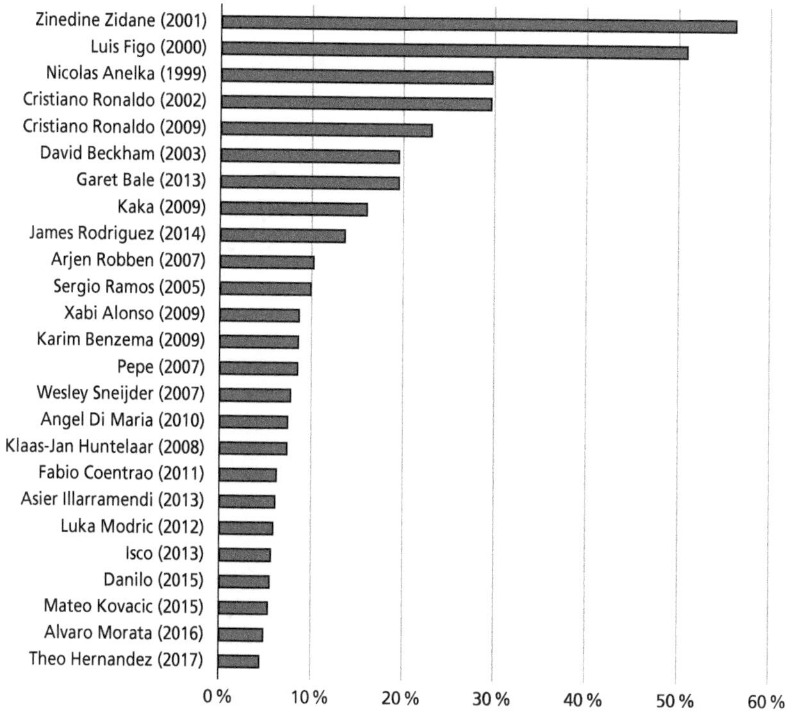

D'après transfermarkt.com.

Au début des années 2000, **la fuite en avant des salaires et des indemnités de transfert s'est accompagnée d'un endettement rapide et excessif d'un grand nombre de clubs.**

Le club anglais de Leeds United a sombré à partir de la saison 2003-2004 à cause d'un endettement excessif[14]. Après avoir remporté le Scudetto 2000-2001, l'AS Roma s'est retrouvée au bord de la faillite[15].

14 Récit détaillé dans l'encadré « L'Échec de la Stratégie de Leeds United », *in* B. Drut, *Économie du football professionnel*, La Découverte, 2014.

15 M. Doidge, *Football Italia: Italian Football in an Age of Globalization*, Bloomsbury, 2015.

En 2002, le gouvernement italien (gouvernement Berlusconi II) a dû passer le décret *Salva Calcio* (littéralement « sauver le *Calcio* ») quand il est devenu clair que plusieurs clubs trop endettés n'auraient pas les moyens de démarrer la saison 2002-2003. Dans sa forme initiale, ce décret permettait d'amortir les contrats de joueurs sur une période de dix ans au lieu de le faire sur la durée des contrats en question.

Ce décret a été contesté par les autorités européennes[16] mais un compromis a été trouvé en 2005, permettant aux clubs d'amortir les contrats de joueurs sur une durée de cinq ans. Cela a permis de sauver la Serie A.

D'autres « solutions » ont été trouvées par les autorités pour sauver les clubs professionnels : par exemple, alors que la Lazio de Rome était sur le point de faire faillite en raison de 140 millions d'euros d'impôts impayés, un accord a été trouvé entre le club et les autorités fiscales. L'accord direct du président du Conseil Silvio Berlusconi a permis d'étaler le paiement des impôts impayés du club sur vingt-trois ans. La Lazio pouvait respirer[17].

Face à des situations aussi périlleuses, **les ligues professionnelles ont progressivement pris conscience qu'il était nécessaire de mieux contrôler les finances des clubs professionnels**. Ce contrôle était déjà relativement strict en France et en Allemagne.

En France, la Direction nationale de contrôle de gestion (DNCG) surveille les comptes financiers des clubs depuis 1984. La Ligue allemande (DFL) contrôle le budget des clubs avant chaque saison depuis des décennies. Parmi les grands championnats, la France et l'Allemagne ont longtemps été plus rigoureuses que leurs voisins en termes de contrôle financier des clubs. Mais la crainte des répercussions de la Grande Récession de 2008-2009 et de la crise de la zone euro en 2012-2013 ainsi que la détérioration des finances publiques

---

16 Voir « La Commission invite l'Italie à modifier ses règles en matière d'information financière à fournir par les clubs de sport professionnels (loi *Salva Calcio*) », Commission européenne, juillet 2004.

17 Voir le livre *Who owns Football?*, Routledge, 2010.

ont poussé les autorités et les ligues d'autres pays à un contrôle financier des clubs plus sévère.

En Espagne, une prise de conscience collective a eu lieu plus tardivement. En mars 2012, il est apparu que les clubs professionnels avaient, dans leur ensemble, 752 millions d'euros d'impôts impayés à la fin de l'année 2011. La Ligue et le gouvernement espagnol ont pris des mesures pour faciliter le paiement de cette somme. Une loi a notamment été passée afin que les droits TV du championnat soient vendus de façon collective et plus de façon individuelle. Par ailleurs, après l'élection de Javier Tebas à la tête de la LFP espagnole en avril 2013, la Ligue s'est engagée pour davantage de transparence financière avec la publication d'un rapport économique annuel. Ainsi, fin juillet 2017, la dette des clubs espagnols envers le fisc n'était plus que de 257 millions d'euros. De leur côté, les autorités du football italien ont commencé à publier à partir de 2011 un rapport annuel sur l'évolution économique et financière des clubs professionnels italiens[18].

Mais aussi et surtout, le projet de *fair-play* financier de l'UEFA a incité les ligues européennes et les autorités législatives de nombreux pays à réagir. En septembre 2009, le comité stratégique de l'UEFA a validé le principe du *fair-play* financier, sous l'impulsion de son président de l'époque Michel Platini et en accord avec 100 clubs de l'association européenne des clubs (ECA[19]).

Initialement, les objectifs du *fair-play* financier étaient les suivants :

- introduire plus de discipline et de rationalité dans les finances des clubs de football ;
- diminuer la pression exercée par les salaires et les transferts, et limiter l'inflation ;
- encourager les clubs à prendre part à la compétition en comptant uniquement sur leurs revenus ;

18 Avec le concours de la société de conseil PwC.

19 L'ECA est l'Association européenne des clubs (European Club Association). Elle représente les intérêts des clubs de football en Europe, notamment les plus importants et anciens d'entre eux.

- encourager les investissements sur le long terme dans le secteur de la jeunesse et des infrastructures ;
- protéger la viabilité du football européen sur le long terme ;
- s'assurer que les clubs honorent leurs dettes en temps et en heure.

Lors de leur mise en place effective en 2011, **Michel Platini avait décrit l'adoption de ces nouvelles règles comme la fin de la « victoire à crédit »**. Il avait présenté **le *fair-play* financier comme** un **moyen de mettre un terme à une concurrence faussée par l'endettement excessif de certains clubs**. De manière concrète, la différence entre les recettes et les dépenses « pertinentes » ne peut dépasser 30 millions d'euros en agrégé sur trois saisons[20]. De plus, l'Instance de contrôle financier des clubs (ICFC) peut exiger des informations supplémentaires de la part des clubs dont la masse salariale dépasse 70 % des recettes et/ou dont la dette nette dépasse 100 % des recettes. **Cela a contribué à un meilleur contrôle des finances des clubs européens**.

Le *fair-play* financier de l'UEFA a été durement critiqué, pour de bonnes et de mauvaises raisons. Il comprend objectivement un certain nombre de défauts (il se focalise sur les déficits et pas sur les dettes, il favorise la reproduction de l'élite européenne, etc.) et ses objectifs sont sans doute trop flous.

Toutefois, nous pouvons mettre à son crédit d'avoir incité de nombreuses ligues professionnelles à faire preuve de plus de transparence financière et d'avoir davantage pris au sérieux le contrôle financier des clubs. En effet, aucun pays ne voulait voir ses clubs pointés du doigt et exclus des compétitions européennes. Le *fair-play* financier de l'UEFA a – dans une certaine mesure – homogénéisé le contrôle des clubs en Europe et permis de limiter leur endettement. Même s'il est difficile, voire impossible, de démontrer l'effet propre du *fair-play* financier, sa mise en place a coïncidé avec une très nette réduction des déficits des clubs européens : alors que

20 Ce seuil était initialement de 45 millions d'euros.

le déficit agrégé des clubs était de 1 670 millions d'euros en 2011, il n'était plus que de 269 millions en 2016. En clair, les clubs européens se sont progressivement mis à dépenser à peu près ce qu'ils gagnent.

En résumé, les salaires des joueurs professionnels et les indemnités de transfert n'ont fait que suivre l'évolution des recettes des clubs. Ils n'ont pas progressé plus vite que ces dernières. La gestion financière des clubs s'est ainsi clairement améliorée ces dernières années, notamment avec la mise en place du *fair-play* financier de l'UEFA. Il a encouragé les clubs à mieux mettre en adéquation leurs dépenses et leurs recettes.

En conséquence, le débat au sujet d'une « bulle » des salaires et des indemnités de transfert dans le football européen semble mal posé : si elle existe, il s'agirait d'une « bulle » des recettes des clubs professionnels, pas une « bulle » des salaires et des indemnités de transfert, car ces derniers suivent de façon raisonnable l'évolution des recettes.

Les clubs ne dépensant à peu près que ce qu'ils gagnent, un éventuel effondrement du football européen ne pourrait donc provenir que d'un effondrement des recettes des clubs. C'est ce que nous allons étudier dans les deux prochains chapitres.

Entretien avec Raffaele Poli

Dirigeant l'Observatoire du football au CIES, Raffaele Poli est un expert reconnu de l'étude des transferts et un observateur avisé des enjeux économiques et géographiques du sport et du football. Docteur en sciences humaines, il est notamment chargé de cours à l'Institut de géographie de l'université de Neuchâtel et a co-écrit dernièrement Slow Foot. Déchiffrer le présent pour penser l'avenir *avec Loïc Ravenel et Roger Besson.*

Les transferts à plus de 100 millions d'euros comme ceux de Kylian Mbappé ou Ousmane Dembélé, se multiplient. Quel regard portez-vous sur cette évolution du marché des transferts ? Comment analysez-vous ces mutations qui étaient exceptionnelles il y a encore cinq ans ?

Ce type de transfert reste effectivement exceptionnel mais peut-être moins qu'avant. On doit avoir aujourd'hui 20 à 30 joueurs qui valent plus de 100 millions. Ils sont déjà presque tous dans des grands clubs et ils vont plutôt rester dans leurs clubs respectifs, sauf si Neymar quitte le PSG.

Les joueurs valent les indemnités de transfert qui sont versées pour les recruter. Mais on peut aussi se poser une autre question : vaut-il mieux prendre deux joueurs à 50 millions pour lesquels on a peu de certitudes et qui ne sont assurément pas les premiers choix, ou alors un seul joueur à 100 ou 150 millions ?

D'une manière générale, tout montre qu'il est difficile d'intégrer plusieurs nouveaux éléments en même temps dans une équipe. C'est évidemment plus facile lorsqu'il s'agit de talents exceptionnels. Lorsque les joueurs coûtent aussi cher, c'est qu'ils présentent des garanties.

Aujourd'hui, le budget des clubs augmente. Les joueurs disponibles et qui valent cher ne sont pas légion. Cela ne me choque donc pas s'il y a plus de transferts, notamment à 200 millions. C'est le prix du marché.

Chaque équipe doit considérer la rentabilité de ses investissements. Mais, jusqu'à présent, les joueurs payés plus de 100 millions étaient choisis et achetés pour devenir l'élément clé de leur équipe pendant plusieurs années. C'est dans cet esprit-là qu'il faut regarder ce phénomène, sans omettre l'espoir de rentabiliser l'investissement effectué. Le jour où il y aura des joueurs trentenaires à plus de 100 millions, je me poserai quand même des questions. Pour moi, ça n'aurait pas de sens de prendre un Ronaldo à plus de 100 millions ou un Messi à 200 millions, car ils ont déjà plus de 30 ans. Normalement, les clubs ne font pas ça.

Les gros chiffres peuvent choquer mais, objectivement, au-delà de 100 millions et avec de tels écarts, les clubs font quand même très attention.

A contrario, il y a quelques opérations un peu plus suspectes, notamment sur des transferts à 40 ou 50 millions pour des joueurs qui en valent plutôt 20 selon nos algorithmes[21]. Là, on peut se poser des questions, mais ce n'est pas si fréquent.

Comment expliquez-vous cette inflation du marché des transferts que l'on constate depuis deux ans, avec des montants qui explosent et une augmentation considérable du nombre de transferts dépassant les 10 ou 20 millions d'euros ?

C'est un peu le reflet de cette économie très segmentée du football avec certains championnats et certains clubs à l'intérieur de ces championnats qui deviennent de plus en plus incontournables. Ils s'accaparent les trophées, les revenus afférents, et voient leur budget augmenter beaucoup plus que les meilleurs clubs d'autres championnats. Évidemment, ces clubs-là ont beaucoup de moyens, leurs budgets sont conséquents. Ils vont alors dépenser pour recruter parce qu'ils ne sont

21 Raffaele Poli explique que les algorithmes du CIES s'appuient sur « un certain nombre d'indicateurs, notamment la durée contractuelle du joueur, l'âge, le poste, le championnat, le fait qu'il joue ou pas, ses résultats, son statut d'international et d'autres facteurs encore pour fixer sa valeur. » Il ajoute : « un certain nombre de critères sont ainsi retenus et permettent d'abord d'estimer le niveau du club le plus susceptible de s'intéresser aux services du joueur étudié. Notre modèle permet de prédire le club le plus susceptible de s'intéresser à lui. La valeur du club acheteur est aussi une variable. Le niveau des joueurs est pondéré selon le niveau de ligue dans laquelle il joue. Le joueur présent dans un grand club et dans un grand championnat est plus valorisé qu'un autre. Sans avoir accès forcément à toutes les variables économiques comme le salaire ou le budget, le niveau de performance des clubs et des ligues est donc pris en compte dans la fixation de la valeur des joueurs ».

pas en mesure de former eux-mêmes les joueurs dont ils ont besoin. Ils vont les chercher ailleurs, souvent dans d'autres clubs du *Big Five* (Bundesliga, Liga, Ligue 1, Premier League, Serie A). En effet, 70 % des sommes dépensées par le *Big Five* vont à d'autres clubs du *Big Five*. Il y a une concentration des talents dans les plus grands clubs. Cela déteint aussi sur d'autres clubs de niveau inférieur par effet de cascade.

Pour ma part, je trouve que cet effet de cascade n'est pas suffisant. Il faudrait rétribuer encore mieux les clubs formateurs. Les 5 % de solidarité sont insuffisants à mon avis parce que ce n'est pas le premier transfert qui est le plus rémunérateur. Les clubs essayent de négocier des bonus et autres pour payer moins. Plus que les sommes qui sont dépensées en transferts, le vrai problème est là.

Est-ce que vous pensez que ce phénomène va durer ? Est-ce soutenable à terme ?

Oui, je le pense. D'une part, les grands clubs ne dépensent pas leur argent sans raison, d'autre part, ils ont les moyens de réaliser ces dépenses. Après, il y a des cas spécifiques mais rares où des clubs déficitaires se permettent de faire de gros investissements. À l'heure actuelle, il y a peut-être le Paris Saint-Germain et Manchester City, mais la puissance de la Premier League permet à ce dernier de faire face. Quant au PSG, peut-être qu'en gagnant la C1 le club arrivera un jour à rentabiliser ses investissements malgré le handicap d'être dans un marché moins porteur, la France. Qui sait ? C'est possible.

Le seul club qui ait beaucoup dépensé sur la durée en étant déficitaire, c'est le PSG. C'est une exception à la règle. Dans l'ensemble, on remarque tout de même que les nouveaux entrants en capacité de dépenser beaucoup se calment un peu. Il en va de même pour les deux Milan. Ç'a été le cas de Monaco par exemple.

Que pensez-vous de la régulation mise en place par l'UEFA avec le *fair-play* financier ? Pensez qu'une régulation par l'UEFA est possible ? Quel regard portez-vous sur sa cohérence, sa faisabilité et sa pertinence ?

Avec les écarts de ressources actuels, il devient difficile de mettre un frein à la voracité des grands clubs. Si l'UEFA avait voulu intervenir de manière plus stricte pour garantir une meilleure distribution des ressources et l'équilibre sur le marché européen, elle aurait dû agir dès que l'arrêt Bosman (1995) a été promulgué, voire avant. Il y a eu des stratégies qui rendent aujourd'hui la vie de l'UEFA plus difficile.

Maintenant, il y a quand même une réalité qui est celle dont on vient de parler, celle des transferts et des grands clubs qui n'arrivent pas à former eux-mêmes des joueurs pour dominer leurs championnats. Tout cela reste du domaine de la FIFA.

On parle beaucoup de réformes du système des transferts, de réformes traitant notamment de la multipropriété des clubs, des prêts, de la redistribution envers les clubs formateurs. À mon sens, il faut conserver un certain niveau de solidarité.

Après, cela ne va pas révolutionner la hiérarchie actuelle, mais cela peut permettre au moins d'encadrer un peu plus ce qui se fait et de rendre certaines compétitions un peu plus intéressantes. Cela favoriserait la présence de plus de clubs et aboutirait à une situation plus acceptable. Une bonne protection de la formation serait assurée et, avec un certain nombre d'autres critères, cela permettrait à plus de clubs de participer sans forcément gagner au final. Ce serait illusoire d'y croire, mais cela rééquilibrerait un petit peu plus les débats. On en est là aujourd'hui.

Je pense que la clé et la meilleure manière de faire, c'est de faire comme les ligues italiennes et espagnoles qui distribuaient les droits télévisuels de manière individuelle et qui sont revenues en arrière pour mieux redistribuer davantage aux clubs moins bien classés ou moins populaires. Il en va de même pour les transferts : ils devraient être réformés dans une logique de plus grande redistribution.

Assiste-t-on à une remise en question de l'équilibre du football mondial et européen ? On a une concentration des plus grands joueurs dans des super-clubs. Pensez-vous qu'à terme l'équilibre du football mondial et européen va changer ?

Tout va dépendre évidemment d'une chose. Si vous permettez aux meilleures équipes d'avoir 100 joueurs sous contrat, les 100 meilleurs talents disponibles donc, et de posséder 10 clubs d'une manière ou d'une autre, cela renforcera le processus de concentration déjà à l'œuvre : vous pourrez donc avoir 1 000 joueurs dans le monde entier, sous contrat dès leur plus jeune âge.

Sur ce point, je pense que des limites ont été franchies et que les instances devraient agir.

Il y a aussi des limites physiologiques à prendre en compte. Un joueur envoyé trop jeune dans des grandes structures, dans des championnats peut-être trop compétitifs, s'il est mis trop en concurrence et maintenu en dehors de son environnement, n'aura pas une progression de carrière linéaire. À talent égal, il va moins se développer qu'un autre joueur. À 23-24-25 ans, on se rendra compte que celui qui est resté en dehors de ces structures très compétitives et qui n'était pas considéré comme le meilleur talent à l'âge de 16-17-18 ans, aura une plus belle carrière, tout en accédant aux grands clubs dans un deuxième temps. Les exemples de ce type sont nombreux.

Il faut fixer des limites à cette internationalisation. Il faudrait s'intéresser à la question des prêts et à la taille des effectifs, sans entraver la liberté de mouvement, ou, de manière proportionnelle, aux risques qu'on fait courir à la carrière de joueurs. Cela permettrait d'éviter un gâchis de talents et un trop grand déséquilibre compétitif, car moins il y aura de talents en bout de chaîne, moins il y aura d'équipes compétitives.

Chapitre 2
LES DROITS TV : L'EXPLOSION PERPÉTUELLE

> « Les gens se demandent quand la bulle va éclater. Il est impossible de répondre à cette question. Nous avons traversé une récession en 2008 et le football n'en a subi aucune conséquence. Les droits TV ont continué à augmenter encore et encore, indépendamment du reste. La tendance est haussière et tant qu'il y aura des diffuseurs pour payer ces sommes, les clubs auront les moyens de payer ces salaires et ces indemnités de transfert. »[22]
>
> Daniel Plumley, professeur d'économie du sport à l'université de Sheffield.

Les droits TV ont très fortement augmenté ces vingt dernières années, pour les grands championnats européens mais aussi pour la Ligue des champions. Cette manne constitue le principal facteur expliquant la très forte augmentation des budgets des clubs européens. En effet, les droits TV représentaient en 2016, d'après l'UEFA, 44 % de leurs recettes.

Cette augmentation se justifie par l'évolution structurelle du secteur des télécommunications (droits de retransmission domestiques), mais aussi **par l'extension géographique de la retransmission des matchs** (droits de retransmission à l'étranger) **et leur internationalisation.**

---

22 « Neymar PSG switch still shaking the transfer market », *beIN Sports*, 1er février 2018.

Nous allons nous focaliser sur l'évolution des droits TV en Angleterre car c'est sans conteste dans ce pays que ces droits ont le plus augmenté ces vingt dernières années, mais aussi parce que l'augmentation des droits TV en Angleterre a eu des répercussions sur l'économie du football professionnel partout en Europe, les clubs anglais ayant recruté en masse en Europe continentale. Notons que les autres grands championnats européens ont connu des dynamiques comparables, même si elles sont moins importantes en valeur.

Répartition des revenus des clubs européens

(2015-2016)

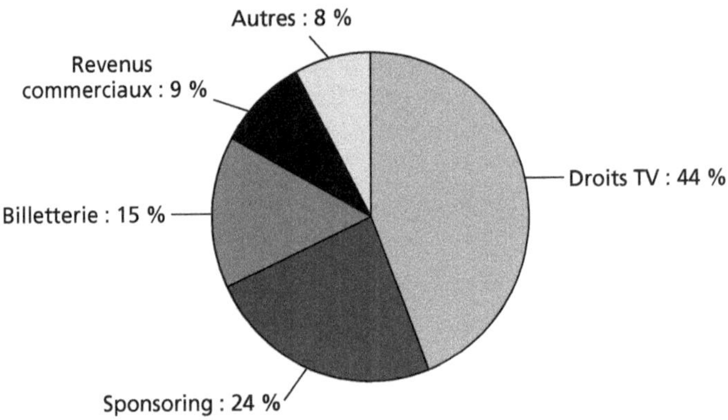

D'après l'UEFA.

L'enjeu du marché internet pour les droits domestiques

Les droits de retransmission domestiques de Premier League ont atteint récemment une ampleur inédite. Lors de l'appel d'offre de la retransmission des matchs de Premier League au Royaume-Uni pour les saisons 2016-2017, 2017-2018 et 2018-2019, les droits ont été acquis conjointement par le groupe Sky et par BT (anciennement British Telecom, opérateur historique de télécommunications au Royaume-Uni, l'équivalent de France Télécom en France) pour un montant de

1,712 milliard de livres sterling par saison. Ainsi, pour la saison 2016-2017, les dotations TV distribuées par la Premier League à chaque club ont été de 99,9 millions de livres pour Sunderland (le dernier du championnat) à 153,2 millions de livres pour Chelsea, champion d'Angleterre. Ainsi, **les droits TV perçus par Sunderland sont supérieurs au budget total des trois quarts des clubs de Ligue 1.**

Pour la Premier League, les droits de retransmission domestiques ont très fortement augmenté sur la dernière décennie. Pour rappel, ils étaient de 1,006 milliard de livres par saison sur la période 2013-2016 et de 594 millions par saison sur la période 2010-2013. **Les droits de diffusion domestiques ont donc quasiment triplé en l'espace de six ans.** Cela peut notamment s'expliquer par la concurrence entre les chaînes de télévision mais aussi par la mutation structurelle du secteur des télécommunications.

Droits de retransmission domestique de Premier League

(en millions de livres par saison)

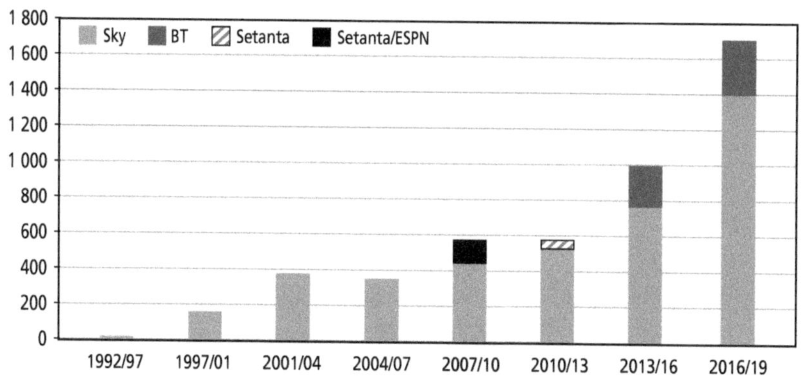

Qui paie ?

La télévision payante a d'abord joué un rôle fondamental dans la hausse des droits TV. Dans le cas de la Premier League, la chaîne Sky a joué un rôle décisif puisqu'elle diffuse la majeure partie des matchs du championnat anglais au Royaume-Uni depuis 1992, année de la création de la Premier League. De la même façon que Canal+ avec le championnat de France, le développement de la Premier League a été intimement lié à celui de Sky.

Initialement appelée BSkyB, elle n'était à l'origine qu'une simple chaîne de télévision payante. Très rapidement, après avoir décroché pour la première fois les droits TV de Premier League, BSkyB a lancé un bouquet multichaînes qui a vite rencontré le succès en termes de développement commercial. **Dans un premier temps, la retransmission des matchs de Premier League a clairement été au cœur de la stratégie commerciale de BSkyB** sur le segment audiovisuel, mais elle s'est ensuite trouvée au cœur d'une stratégie encore plus ambitieuse lorsque Sky s'est attaqué au marché de la fourniture d'accès internet.

Au milieu des années 2000, le groupe Sky a diversifié ses investissements en acquérant l'entreprise Easynet, entreprise spécialisée dans le dégroupage, et en lançant son fournisseur d'accès internet Sky Broadband en 2006. À partir de là, Sky a commencé à proposer des offres *triple play* combinant télévision, téléphone fixe et internet, et a ciblé un marché beaucoup plus large que le seul marché audiovisuel. Ce type d'offre multiservices a connu un fort essor à la fin des années 2000 et au début des années 2010 : selon les chiffres d'Ofcom[23], le pourcentage de ménages britanniques consommant des services de télécommunication de manière groupée (*bundled services*) est passé de 29 % en 2005 à 68 % en 2016. Le fait de pouvoir proposer des services de télévision proposant des matchs de Premier League en association avec des abonnements internet a permis à Sky de gagner du terrain sur le marché internet : sa part de marché sur le segment internet fixe est passée de 15 % en 2010 à 24 % en 2016. **Le foot s'est alors imposé comme un produit d'appel !**

23 Ofcom est l'organisme de régulation des télécommunications au Royaume-Uni, l'équivalent de l'Arcep en France.

Pourcentage de ménages britanniques utilisant des services de communication groupés

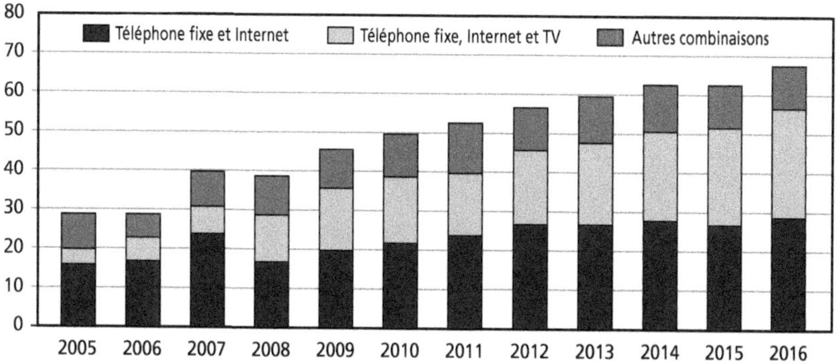

Face au succès de la stratégie de Sky et à sa progression sur le marché de l'offre de services internet, d'autres fournisseurs d'accès se sont également intéressés à la Premier League.

C'est ainsi que BT a remporté plusieurs lots lors des appels d'offre pour la retransmission des matchs de Premier League pour les périodes 2013-2016, 2016-2019 et 2019-2022. De plus en plus, **l'enjeu pour BT et Sky a été de disposer d'un produit d'appel pour les offres *triple play* et *quadruple play*.** La notion de produit d'appel (*loss leader*) est bien connue en marketing : l'achat d'un produit d'appel est souvent vu comme étant au moins en partie mû par des facteurs émotionnels et l'enjeu consiste à tirer parti de cet achat émotionnel pour augmenter la dépense totale des consommateurs.

Au Royaume-Uni, la retransmission des matchs de football est désormais clairement un produit d'appel pour certains fournisseurs d'accès internet. Il est toutefois assez peu probable que les droits TV changent de détenteur fréquemment. Pour un fournisseur d'accès internet ne détenant pas de droits TV, se lancer dans l'aventure est certes possible mais se trouve être très compliqué. Les montants à mobiliser sont très importants et cela impliquerait un changement drastique du modèle du nouvel arrivant (Virgin Media ou Talk Talk dans le cas du Royaume-Uni). Ce dernier devrait fortement couper ses investissements dans d'autres types de programmes. Virgin Media avait présenté une réclamation en 2014 auprès d'Ofcom à propos du mécanisme de vente des droits TV de Premier League dont l'entreprise estimait qu'elle aboutissait à des « prix artificiellement élevés », mais l'affaire a été classée sans suite au bout de deux ans, laissant une probabilité assez faible de voir Virgin Media participer aux enchères des droits de Premier League.

En revanche, **il est assez peu probable que les fournisseurs internet qui détiennent actuellement les droits TV des grands championnats abandonnent délibérément le football**. En effet, quiconque s'y risquerait s'exposerait à une perte de parts de marché rapide : un concurrent direct qui obtiendrait les droits TV pourrait attirer à lui de nouveaux abonnés internet.

Pour le moment, la forte augmentation des droits domestiques de Premier League n'a pas pesé sur la rentabilité du groupe Sky, qui est parvenu à maintenir ses principaux ratios de rentabilité sur l'année fiscale 2017. En effet, le nombre de ménages équipés d'une Sky Box est passé de 9 millions en 2015 à 12 millions en 2017. **Preuve que le football peut être un placement aussi cher que rentable !**

■ Que penser de l'appel d'offres 2019-2022 des droits domestiques de Premier League?

Fin février 2018, l'appel d'offres pour les droits de retransmission domestiques de Premier League pour la période 2019-2022 n'était pas terminé. Une fois encore, Sky a acquis la majorité des lots (128 matchs diffusés) pour un montant de 1 193 millions de livres par saison (contre une contribution de 1 392 millions par saison pour l'appel d'offres précédent). Pour sa part, BT a acquis le lot des 32 matchs diffusés le samedi soir pour un montant de 295 millions de livres par saison, contre une contribution de 320 millions de livres par saison lors de l'appel d'offres précédent. Deux lots (40 matchs diffusés lors des 4 journées programmées en dehors des week-ends) étaient encore en vente fin février.

Si les deux derniers lots ne trouvaient pas preneurs[24], les droits de retransmission domestiques de Premier League passeraient donc de 1 712 à 1 488 millions de livres par saison (soit une baisse de 13 %).

Cela appelle trois remarques :

- Quelques semaines avant l'appel d'offres, BT et Sky ont trouvé un accord afin que chacun des deux puisse distribuer les produits de l'autre au Royaume-Uni[25]. BT pourra offrir à ses clients les chaînes Sky Sports, Sky Cinema et Sky Atlantic, tandis que Sky pourra vendre BT Sport. En conséquence, les abonnés de BT et Sky pourront avoir accès aux matchs de 34 journées de Premier League sans avoir à choisir entre les deux abonnements.
- Le fait que le Royaume-Uni sorte prochainement de l'Union européenne implique un certain nombre d'incertitudes pour l'économie britannique[26]. **La perspective du Brexit a certainement pesé sur le montant des droits de Premier League**[27].
- À 1 488 millions de livres par saison, **les droits de retransmission domestiques de Premier League restent très largement supérieurs aux droits des autres grands championnats professionnels européens.**

■ Une évolution du même type en France?

SFR, entité du groupe Altice (voir encadré ci-après), a acquis les droits de diffusion de la Premier League en France pour les saisons 2016-2017 à 2018-2019 pour un montant de 100 millions d'euros par saison, après quinze années de diffusion par Canal+. SFR a, de plus, acquis la totalité des droits de diffusion de la Ligue des champions et

---

24 Cela est très peu probable, car il est difficile d'imaginer quatre journées de Premier League sans aucune retransmission.

25 « BT et Sky agree content sharing deal », *Financial Times*, 15 décembre 2017.

26 Incertitudes portant sur l'évolution de la consommation des ménages, sur l'évolution de la livre sterling face à l'euro et sur l'évolution des règles d'immigration.

27 Voir par exemple « Forever "bursting bubbles"? The Premier League meets the Brexit reality », sur le site internet *ukandeu.ac.uk* publié le 24 février 2018.

de la Ligue Europa en France pour les saisons 2018-2019, 2019-2020 et 2020-2021 et pour un montant de 350 millions d'euros par saison.

Dans ses documents officiels, le groupe SFR a indiqué que cela participait à sa stratégie de « convergence globale télécom-médias, contenus et publicité ». **La stratégie de SFR de faire de la diffusion de compétitions sportives un produit d'appel pour gagner des parts sur le marché internet était tout à fait similaire à celles de Sky et BT** au Royaume-Uni avec les droits domestiques de Premier League.

Toutefois, certains ont estimé que cette stratégie commerciale était vouée à la catastrophe. Pierre Louette, président de la Fédération française des télécoms et directeur général délégué d'Orange (concurrent de SFR), a expliqué en mai 2017 que l'acquisition des droits de Premier League et de la Ligue des champions pour la France par SFR s'était faite à un prix trop élevé[28] : « On constate que SFR s'est engagé de façon très volontaire dans les droits sportifs avec des sommes très importantes. Mais je ne suis pas certain de voir l'effet de ces acquisitions-là sur leurs derniers résultats », évoquant une « bulle » des droits de retransmission des rencontres sportives et indiquant qu'Orange n'avait pas l'intention de surenchérir.

Cette stratégie n'a pas permis d'enrayer la baisse du nombre de clients internet de SFR en 2016 et 2017. Pour l'instant, cette stratégie n'atteint pas les objectifs fixés en matière de recrutement d'abonnés et Altice, la maison-mère de SFR, a décidé de monétiser les droits sportifs acquis en essayant de nouer des partenariats de distribution de ses chaînes SFR Sport avec d'autres réseaux. Dit autrement, SFR essaie de revendre une partie des droits de retransmission en France de Premier League et de la Ligue des champions.

Il faut toutefois se garder de conclure hâtivement que cette stratégie d'acquisition de droits sportifs était mauvaise. D'abord, il est possible que la baisse du nombre de clients internet de SFR ait d'autres

---

28 « Orange doute de la rentabilité des droits sportifs acquis par SFR », *Les Échos*, 16 mai 2017.

causes (coût des abonnements, service client, etc.)[29]. Par ailleurs, le changement de stratégie vis-à-vis des droits sportifs est à considérer dans un contexte plus global. Le groupe Altice a grossi très rapidement ces dernières années grâce à des acquisitions externes financées par la dette et c'est l'objectif de désendettement du groupe qui a conduit à tenter de revendre les droits sportifs. De plus, SFR ne possède les droits de la Ligue des champions, la compétition phare en Europe, qu'à partir de la saison 2018-2019 et cela n'a donc pas pu jouer pour l'instant sur le nombre d'abonnés SFR.

Enfin, notons que, tout comme au Royaume-Uni, le nombre d'accès internet vendu conjointement avec un abonnement de télévision a été en forte progression en France ces dernières années (de 14 millions d'accès télévision couplés à internet en 2012 à 20 millions en 2017). Cela rend propice la recherche de produits d'appel télévisuels comme le football pour la vente de services groupés.

Altice : une stratégie d'expansion très rapide, financée par un lourd endettement

Le groupe Altice a été fondé en 2001 par l'entrepreneur Patrick Drahi. Cette holding a d'abord racheté les principaux opérateurs de la télévision par câble en France (EstVidéo, France Télécom Câble, Noos), en les faisant fusionner au fur et à mesure sous le nom de Numericable. La stratégie d'Altice a été de rationaliser les coûts de façon drastique à chaque fois. Le groupe a basé son offre commerciale sur le développement d'offres *triple play* (téléphone fixe, accès internet et télévision payante). Numericable est progressivement devenu le principal opérateur de télévision par câble et le principal fournisseur d'accès internet en France.

Altice a été introduit en bourse le 31 janvier 2014, avec une levée de fonds de 1,3 milliard d'euros. À cette époque, l'entreprise détenait principalement des participations dans des fournisseurs de la télévision par câble et d'accès internet en France, en Israël, en Belgique et au

29 Voir par exemple l'article « SFR recule en France, la stratégie de Drahi est-elle la bonne ? », *Challenges*, 3 novembre 2017.

Portugal. Pour l'année 2013, le chiffre d'affaires d'Altice SA s'élevait à 3,2 milliards d'euros (pour un bénéfice avant intérêts, impôts, dépréciation et amortissement (EBITDA) de 1,4 milliard d'euros), dont 41 % en France, et sa dette nette s'élevait à 6,2 milliards.

La stratégie d'Altice d'acquisition d'entreprises a pris une tournure bien plus spectaculaire après son introduction en Bourse. La société a racheté SFR au groupe Vivendi en avril 2014 pour 13,5 milliards d'euros, en s'endettant massivement. Numericable et SFR ont fusionné en novembre 2014, Numericable-SFR devenant SFR Group en avril 2016.

Mais ce n'est pas tout, Altice s'est lancé à la conquête du marché américain en 2015 en prenant une part de 70 % dans Suddenlink Communications (société essentiellement basée dans le Midwest), qui était à l'époque le 7e plus gros câblo-opérateur des États-Unis. La transaction valorisait Suddenlink à 9,1 milliards de dollars. Pour financer cette acquisition, Altice a utilisé 1,2 milliard de cash et a eu recours à l'endettement pour le reste. Quelques mois plus tard, en septembre 2015, Altice a annoncé vouloir acquérir Cablevision (société essentiellement basée à New York), qui était à l'époque le 5e câblo-opérateur américain. Le montant de la transaction s'est élevé à 17,7 milliards de dollars et celle-ci a une nouvelle fois été largement financée par de nouvelles dettes. À nouveau, la stratégie annoncée était de réduire drastiquement les coûts pour rendre l'entreprise plus profitable, l'objectif étant de réaliser 900 millions de dollars de synergies avec Cablevision. Le directeur général d'Altice, Dexter Goei, indiquait : « Cette transaction nous positionne dans la région la plus aisée des États-Unis et sera une bonne base pour de futures acquisitions. Nous pensons qu'il y a de façons significatives d'améliorer la profitabilité en regroupant les achats et d'autres coûts de Cablevision et Suddenlink. »

Altice a également acheté Portugal Telecom en 2015 dans le cadre d'une transaction de 7,4 milliards d'euros – alors qu'il détenait déjà les câblo-opérateurs portugais Cabovisao et Oni – avec l'objectif annoncé de dégager de la profitabilité en réalisant des synergies en fusionnant les différentes entreprises.

Pour l'année 2016, le groupe Altice a réalisé un chiffre d'affaires de 23,5 milliards d'euros (pour un EBITDA de 8,9 milliards d'euros), mais la dette nette a atteint 50,4 milliards d'euros. Certes, la taille du groupe a été multipliée par plus de 7 en l'espace de trois ans, mais c'est surtout la taille de l'endettement du groupe qui a été le centre de l'attention ces derniers temps. En effet, le ratio « dette nette sur EBITDA » d'Altice est supérieur à 5, ce qui est bien au-dessus de la moyenne du secteur. Ce ratio est nettement plus élevé pour les activités américaines d'Altice que pour ses activités européennes. Dans un contexte de remontée des taux d'intérêt, notamment aux États-Unis, les marchés financiers se sont montrés de plus en plus sceptiques vis-à-vis de la stratégie d'Altice et le cours de l'action a fortement baissé en Bourse en 2017.

Au début de l'année 2018, Altice a annoncé une réorganisation du groupe avec la séparation des activités américaines, regroupées dans l'entité Altice USA. La partie européenne du groupe, Altice Europe, a été réorganisée en trois structures : Altice France, Altice International et Altice Pay TV (créée à cette occasion). Patrick Drahi a justifié cette décision de la façon suivante : « La séparation des activités permettra à Altice Europe et Altice USA de se concentrer sur leurs opérations respectives et de mener à bien leurs stratégies, de créer de la valeur pour les actionnaires et de réaliser pleinement leur potentiel. » Pour Altice Europe, l'accent a été mis sur la croissance du chiffre d'affaires et sur le désendettement, notamment via la vente d'actifs non stratégiques et la monétisation des investissements en contenu. Altice a par exemple vendu en novembre 2017 son réseau de télécommunications en République dominicaine et des filiales en Suisse.

L'entité Altice Pay TV détiendra les droits TV des compétitions de football et les autres droits de contenu premium (Discovery, NBC Universal). Altice France deviendra un client d'Altice Pay TV et pourra continuer de distribuer – entre autres – SFR Sports.

Mais Altice Pay TV cherchera à nouer des partenariats de distribution de ses chaînes SFR Sport 1, 2, 3, 4 et 5 par ailleurs. Ces chaînes sont également disponibles en mode *over-the-top* (OTT)[30], c'est-à-dire en abonnement direct via internet. Alain Weill, le directeur général de SFR et d'Altice Pay TV, expliquait en janvier 2018 : « Nous avons toujours dit

30 *Over-the-top* ou OTT : il s'agit d'une pratique de distribution de médias vidéos ou audios dans laquelle un fournisseur de contenus vend directement au consommateur la diffusion sur internet de ces médias comme des produits autonomes et sans l'intervention d'une chaîne de télévision, d'une compagnie de câble ou d'un fournisseur d'accès internet.

que nous ne voulions pas d'exclusivité. Que nous sommes ouverts à la revente de nos chaînes à d'autres distributeurs. »

Le changement de stratégie de SFR par rapport aux droits de retransmission du football intervient dans un contexte de stratégie d'acquisitions extrêmement rapides financées par la dette et correspondant à celle du groupe Altice.

L'arrivée imminente des géants du numérique ?

La retransmission des matchs de football a progressivement glissé des chaînes de télévision vers les fournisseurs d'accès internet au fil de la dernière décennie. **Aujourd'hui, il est très vraisemblable que de nouveaux types d'acteurs soient intéressés par l'acquisition des droits sportifs dans les années à venir : les acteurs du numérique.**

En effet, on peut désormais aisément concevoir que les géants du numérique (Google, Apple, Facebook, Amazon, Twitter ou encore Netflix) soumettent des offres compétitives lors des prochains appels d'offres pour la vente des droits TV. Ces acteurs se sont montrés de plus en plus intéressés par la diffusion de contenus sportifs. À titre d'exemple, Amazon a récemment acquis les droits de diffusion au Royaume-Uni des Masters 500 et des Masters 1000 (tennis) pour la période 2019-2023, au prix de 10 millions de livres, un montant certes beaucoup plus faible que les droits de retransmission de la Premier League. **De produit d'appel pour les fournisseurs d'accès à internet, pourquoi ne pas imaginer que la retransmission des matchs de Premier League devienne un produit d'appel pour les plateformes de vente en ligne ou pour les réseaux sociaux ?**

La croissance du chiffre d'affaires et des profits des GAFA (nom donné à l'ensemble formé par Google, Amazon, Facebook et Apple) a été extraordinairement rapide ces dernières années. Par exemple, le chiffre d'affaires de Facebook est passé de 5,1 milliards de dollars en 2012 à 40,7 milliards en 2017 (soit une croissance annuelle moyenne de 51 %) et son résultat net est passé de 53 millions de dollars à 15,9 milliards sur la même période.

Les géants du numérique ont accumulé des profits de très grande ampleur ces dernières années. Ils sont régulièrement sous les feux des projecteurs en raison des montagnes de cash qu'ils détiennent, souvent dans des juridictions où ils sont faiblement imposés (Luxembourg, Irlande, par exemple). La taxation de ces géants du numérique pose d'ailleurs un véritable défi aux sociétés occidentales. Par exemple, la Commission européenne a conclu en 2016 que l'Irlande avait fait bénéficier Apple d'aides fiscales illégales pour un montant de 13 milliards d'euros et a exigé qu'Apple reverse cette somme à l'État irlandais.

Ceci étant, la puissance financière des géants mondiaux du numérique les rend parfaitement capables d'être compétitifs lors des enchères de droits sportifs.

En 2017, Facebook s'est lancé sur le marché des droits TV du football, d'abord pour la diffusion de la Major League Soccer (MLS), puis celle de la Ligue des champions aux États-Unis. Actuellement, et pour la période 2015-2022, les droits de retransmission des matchs de MLS aux États-Unis sont la propriété des chaînes ESPN et Fox Sports pour la langue anglaise (75 millions de dollars par saison à eux deux) et Univision pour la langue espagnole (15 millions de dollars par saison).

En mars 2017, le réseau social a noué un partenariat avec Univision pour diffuser en *live* les matchs acquis par cette dernière en anglais sur la page Facebook de celle-ci. Ces matchs sont et seront produits spécifiquement pour un visionnage sur les appareils mobiles.

Quelques mois plus tard, Facebook a noué un partenariat avec Fox Sports afin de pouvoir diffuser en *live* des matchs de Ligue des champions aux États-Unis lors de la saison 2017-2018. Pour Facebook, l'intérêt est de pouvoir facturer davantage aux annonceurs (ce qui constitue à peu de choses près son unique source de revenus) et de générer des discussions entre utilisateurs sur son réseau. Après avoir noué son contrat pour la diffusion de matchs de Ligue des champions, Dan Reed, le responsable des partenariats sportifs chez Facebook, a déclaré : « Nous sommes excités à l'idée d'aider Fox à capter de nouvelles audiences et à faire en sorte que les gens consomment du contenu digital, mobile et social. Nous sommes très intéressés par le football. »[31]

Il est désormais très clair que la diffusion du sport est un axe de développement important pour Facebook : en 2017, le réseau social a fait une offre de plus de 600 millions de dollars pour la diffusion digitale pendant cinq ans du championnat de cricket indien (Indian Premier League) et celle-ci aurait pu être acceptée si la chaîne Star India (détenue par le groupe américain 21st Century Fox) n'avait pas fait une offre globale (droits de diffusion digitale et à la télévision) très élevée. En janvier 2018, Facebook a recruté Peter Hutton, le directeur général d'Eurosport[32], ce qui confirme encore un peu plus les ambitions de cette entreprise dans la retransmission d'événements sportifs.

Les géants du numérique approchent de plus en plus la diffusion des droits sportifs en pratiquant la diffusion OTT. Les acteurs de ce marché bénéficient de bases d'abonnés mondiales et peuvent investir massivement dans des contenus exclusifs qui différencient d'autant leurs offres respectives. Netflix en est l'exemple avec la production de séries événementielles comme *House of Cards*. La popularité croissante de cette pratique change progressivement et structurellement la façon dont sont consommés les contenus télévisuels. Selon la société ComScore, 51 millions de ménages américains (soit 54 % des ménages connectés au wifi) utilisaient au moins un service OTT en avril 2017. Netflix est de loin le leader du marché OTT aux États-Unis puisque 74 % de ces 51 millions de ménages avaient un abonnement Netflix, et 33 % d'entre eux avaient un abonnement Amazon Video. Notons que Netflix est également le leader de ce marché en Europe.

---

31 « Facebook to Stream Live Champions League Soccer in Deal With Fox », Bloomberg, 27 juin 2017.

32 « Facebook hires Eurosport chief for multibillion live push », *The Guardian*, 19 janvier 2018.

Bien que Netflix n'ait pas manifesté pour le moment d'envie de se lancer sur le marché des droits sportifs, cette entreprise a tout de même produit *Club de légende : Juventus,* un documentaire sur la Juventus de Turin, sorti en février 2018.

Amazon, le géant américain du commerce électronique, est également de plus en plus intéressé par la diffusion de contenus sportifs. Outre l'acquisition des droits de diffusion des Master de tennis pour le Royaume-Uni, Amazon Video a acquis les droits de diffusion digitale de 10 matchs de NFL (football américain) pour la saison 2017 et pour un montant de 50 millions de dollars. Pour Amazon, l'objectif est d'augmenter le nombre de ses abonnés *prime*, ayant accès à ces contenus. En effet, la souscription *Amazon Prime* est un programme d'abonnement annuel payant permettant l'envoi d'articles sans frais de port mais donnant aussi l'accès au visionnage en streaming illimité de milliers de films et de séries. L'intérêt d'Amazon pour le football est de plus en plus clair : Manchester City sera l'objet d'un documentaire uniquement disponible sur *Amazon Prime* vers l'automne 2018[33]. Fin février 2018, le nom d'Amazon était très souvent cité dans la presse au sujet de l'acquisition des deux derniers lots de retransmission domestique de la Premier League pour la saison 2019-2022.

Plusieurs gros clubs sont convaincus que les GAFA entreront bientôt sur le marché des droits de retransmission des matchs de Premier League. En septembre 2017, lors d'une discussion avec des investisseurs, Ed Woodward, le directeur général de Manchester United, a expliqué : « Absolument, je pense qu'ils vont entrer dans la partie. J'ai entendu dire qu'ils étaient déjà intéressés lors du précédent appel d'offre, c'est visiblement le cas pour les droits Premier League mais aussi pour les droits de Ligue des champions et de Ligue Europa. [...] Je pense qu'ils vont s'engager et cela nous réjouit. Je pense que cela va devenir de plus en plus important d'être engagés

33 « Man City sign £10m-plus deal with Amazon Prime for behind-the-scenes TV series », BBC, 9 novembre 2017.

dans des connexions digitales avec les fans et nous pensons que nous pouvons être complémentaires avec ce type de partenaires. »[34]

L'extension géographique de la distribution des matchs

Le football est souvent présenté comme le sport le plus populaire du monde. En 2006, la FIFA avait évalué le nombre de joueurs de football à 265 millions dans le monde : même si on peut remettre en cause la méthodologie employée pour parvenir à ce chiffre, il est certain que le football est un sport apprécié et suivi globalement et que les championnats européens, où se concentrent la quasi-totalité des meilleurs joueurs mondiaux, présentent un attrait pour tous les amateurs de football, y compris pour ceux se trouvant de l'autre côté de la Planète.

Les matchs des grands championnats et de la Ligue des champions sont désormais diffusés dans la plupart des pays, notamment aux États-Unis et en Chine. Les ligues professionnelles ont organisé la programmation des matchs afin que plusieurs fuseaux horaires puissent visionner des matchs en direct chaque semaine. Cela a été le cas par exemple pour le match Nice-PSG comptant pour la 30e journée de Ligue 1 de la saison 2017-2018, qui a été programmé à 13 heures pour permettre aux téléspectateurs chinois des grandes villes de le regarder en *prime time* à 20 heures.

La retransmission des matchs européens à l'étranger peut servir de produit d'appel pour des fournisseurs d'accès internet et peut-être demain pour les géants du numérique. Car **le produit football correspond à leur vision globale, aux services qu'ils proposent et aux audiences qu'ils visent.**

Pour la période 2016-2019, les droits de retransmission de la Premier League à l'étranger s'élèvent à un peu plus d'un milliard de

34 « Premier League clubs poised for cash bonanza as Facebook and Amazon prepare to enter streaming rights bidding war », *The Telegraph*, 21 septembre 2017.

livres par saison, ce qui représente environ les deux tiers des droits domestiques. Il est d'ailleurs fort probable que les droits étrangers augmenteront encore davantage sur la période suivante.

En effet, Supersport a conservé les droits de diffusion de Premier League pour l'Afrique subsaharienne moyennant 168 millions de livres par an pour la période 2019-2022, contre 84 millions par an pour la période 2016-2019. PPTV a obtenu les droits de diffusion de Premier League en Chine pour 180 millions de livres par an pour la période 2019-2022, contre 13 millions par an payés actuellement par SSMG. Pour les États-Unis, NBC a obtenu les droits de diffusion de Premier League pour la période 2016-2022 au prix de 128 millions de livres par saison.

Cela confirme l'appétit au niveau global pour les retransmissions des meilleurs championnats européens.

Alors que l'explosion des budgets des clubs professionnels ces dernières décennies provient en premier lieu de l'explosion des droits TV, il apparaît peu probable que ces derniers baissent de façon prononcée au cours des années à venir.

Les candidats potentiels à l'achat de droits de retransmission des championnats ont été de plus en plus nombreux et de plus en plus diversifiés : chaînes de télévision, fournisseurs d'accès internet et bientôt géants du numérique. La poursuite de la mutation structurelle du secteur des télécommunications et l'extension géographique de la retransmission des matchs devraient continuer à soutenir la croissance des droits TV.

Entretien avec Michel Desbordes

Michel Desbordes est professeur de marketing du sport à l'université Paris Sud et professeur associé de la Shanghai University of Sport. Il a fait partie des premiers à s'intéresser en France aux problématiques liées au marketing du sport. Il est notamment l'auteur de Néo-marketing du sport et Marketing du sport : une vision internationale *(De Boeck, 2011).*

La retransmission des matchs de football professionnel est-elle en train de se transformer en produit d'appel pour des entités autres que des chaînes de télévision ?

Oui, le football attire des nouveaux diffuseurs car le mode de retransmission complexifie complètement la donne. Le sport n'est plus regardé depuis le salon sur un poste de télévision, mais sur un smartphone ou une tablette, partout, dans les transports, dehors, sur son lieu de travail, etc. Il est donc logique qu'il concerne l'ensemble des acteurs de la vie économique, surtout ceux qui « rentrent » dans nos vies au quotidien.

Qu'est-ce qui pourrait pousser les géants du numérique (Amazon, Apple, Facebook, Netflix, Twitter) à entrer de façon claire sur le marché des droits sportifs ?

Ces géants du numérique sont assis sur « un tas d'or » pour des raisons diverses (marges excessives, développement exponentiel, délocalisation des profits, élimination des concurrents et situation de quasi-monopole, obsolescence programmée des produits...), mais qui sont aujourd'hui mal perçues par les gouvernements ou les populations. Ils doivent donc trouver des moyens de redorer leur blason, d'améliorer leur image. À ce titre, se positionner sur le sport est un excellent moyen, à la condition qu'ils offrent des conditions de retransmission de qualité, sans « confisquer » le sport en pratiquant des tarifs prohibitifs. L'enjeu tient beaucoup plus de l'image que du business. Le *sport business* est en effet une goutte d'eau pour Amazon ou Apple.

Dans le contexte de mutation du secteur des télécommunications, les grands championnats peuvent-ils tous tirer leur épingle du jeu ?

Oui, mais à des degrés divers, bien sûr. Le championnat anglais ne se vendra pas au même prix que celui du Portugal. De manière générale, je ne crois pas à une hausse continuelle des droits TV et du sponsoring. Les acteurs vont revenir à plus de rationalité, en prenant en compte la taille des populations et les audiences réalisées. Dans ce cadre, il devient de plus en plus crucial de développer sa visibilité à l'international, puisque ce sont les audiences en Asie ou en Amérique qui sont susceptibles d'augmenter les tarifs des droits TV. Sans l'international, l'Angleterre serait un marché stagnant.

Chapitre 3

LA FLAMBÉE DES CONTRATS DE SPONSORING

On manque une grande partie de l'histoire si l'on considère que la très forte augmentation des revenus des clubs professionnels est quasi exclusivement le fait de l'augmentation des droits TV. Pour les très gros clubs européens comme Manchester United ou le Real Madrid, les contrats de sponsoring sont devenus très importants ces dernières années, au point de supplanter les droits TV dans certains cas.

L'évolution des recettes des dix plus grands clubs européens en termes de chiffre d'affaires, de la saison 2006-2007 à la saison 2016-2017, le montre parfaitement. Leurs recettes agrégées sont passées de 2,2 à 5,3 milliards d'euros sur la période, soit une augmentation moyenne annuelle de 9 %.

Les trois principaux postes de recettes des clubs (billetterie, droits TV, sponsoring-merchandising) ont tous les trois augmenté sur la période mais à des rythmes très différents. Les recettes de billetterie ont connu une augmentation très lente et ne représentaient qu'à peine 18 % des recettes en 2017.

Les droits TV et les recettes commerciales (sponsoring-merchandising) ont tous les deux fortement augmenté sur la période 2007-2017, mais la hiérarchie s'est inversée avec la très forte croissance des recettes commerciales à partir de 2010.

Sur la période 2012-2017, plus de la moitié de l'augmentation des recettes des 10 plus grands clubs européens a correspondu à l'augmentation des recettes commerciales, en grande partie liée à l'internationalisation des clubs.

Pour la saison 2016-2017, les recettes commerciales représentaient près de la moitié des recettes totales pour Manchester United, le Real Madrid et le FC Barcelone ; et même plus de la moitié pour le Paris Saint-Germain et le Bayern Munich !

Répartition des recettes des 10 plus grands clubs européens
(en millions d'euros)

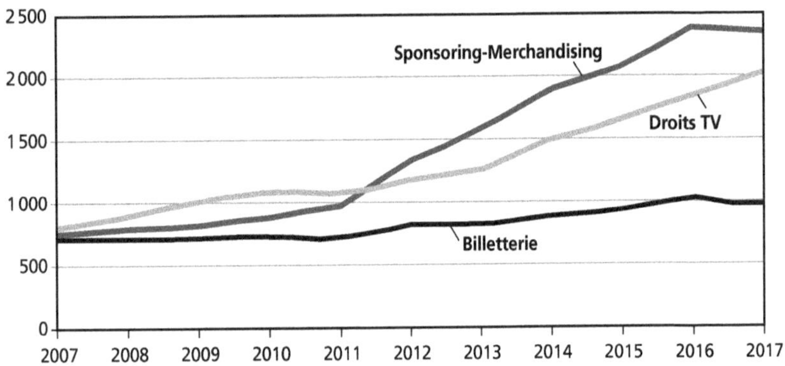

D'après les rapports Football Money League de Deloitte, rapports DNCG.

NB : les 10 clubs considérés sont les 10 clubs les mieux classés du classement Football Money League 2018 de Deloitte. Dans l'ordre : Manchester United, Real Madrid, FC Barcelone, Bayern, Manchester City, Arsenal, Paris Saint-Germain, Chelsea, Liverpool et Juventus.

En réalité, **la très forte progression des recettes de sponsoring provient essentiellement de deux facteurs : la bataille de plus en plus acharnée des équipementiers pour séduire les grands clubs et la globalisation des contrats de sponsoring, notamment grâce aux réseaux sociaux.**

La bataille acharnée des équipementiers et des sponsors

Le football est particulièrement important pour les fabricants d'articles de sport car :

- le segment des ventes d'articles liés au football est lui-même d'une taille assez importante, Adidas et Nike étant au coude à coude depuis plusieurs années en termes de ventes sur ce segment ;
- le football est le sport le plus populaire du monde, ce qui implique que l'association avec ses superstars peut avoir des conséquences sur les ventes bien au-delà des articles liés au football.

Rappelons le fonctionnement des partenariats entre équipementiers et clubs : dans ces contrats, l'équipementier rémunère le club pour avoir le droit de vendre des maillots et d'autres produits de merchandising associés aux couleurs et aux symboles du club. Les clubs reçoivent généralement une rémunération fixe plus une rémunération variable correspondant à 10 à 15 % des produits vendus et d'éventuels bonus de performance si l'équipe remporte des trophées majeurs.

Pour les fabricants d'articles de sport, les partenariats avec les sélections nationales, les clubs et les sportifs sont l'un des axes cruciaux de la politique de marketing.

Pour l'année 2017, Adidas a dépensé un peu plus d'un milliard d'euros en partenariats, ce qui a représenté environ la moitié de ses investissements marketing.

Depuis plusieurs décennies, le marché mondial des équipements sportifs est en forte croissance. Sur la période 2007-2017, le chiffre d'affaires de Nike et d'Adidas ont crû de **110 %** et **69 %** respectivement. En 2017, leur chiffre d'affaires respectifs étaient de 34 et 25 milliards de dollars.

C'est surtout dans les pays émergents et notamment en Chine que le chiffre d'affaires des fabricants d'articles de sport a fortement augmenté ces dernières années. Par exemple, la Chine est la zone où le chiffre d'affaires de Nike a le plus progressé ces dernières années (+ 27 % en 2016 et + 17 % en 2017, en neutralisant les variations du taux de change). Dans le cas d'Adidas, le chiffre d'affaires réalisé en Chine est désormais presque aussi important que celui réalisé en Amérique du Nord.

Adidas : chiffres d'affaires par zone géographique

(en milliards d'euros)

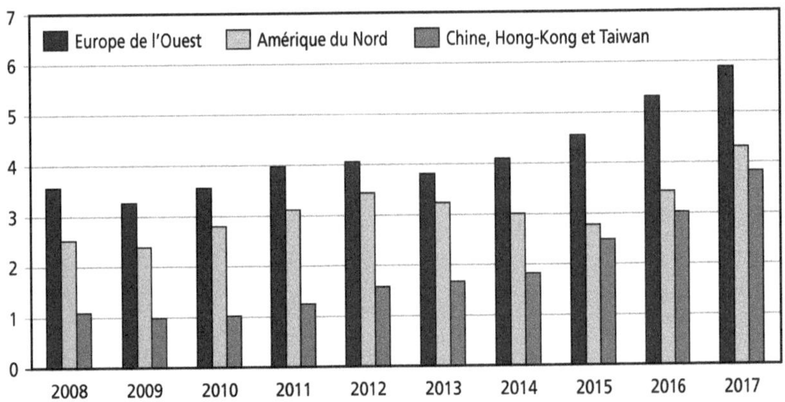

D'après les: rapports financiers d'Adidas.

La compétition entre les principales marques de sport s'est intensifiée ces dernières années, notamment pour gagner des parts de marché en Asie.

Dans le cadre de cette concurrence, Adidas et Nike ont donc concentré leurs efforts de partenariat sur les sélections, les clubs et les joueurs avec le plus fort potentiel au niveau global. Cela s'est concrétisé par des partenariats moins nombreux mais centrés sur les meilleurs clubs (Real Madrid, Manchester United, PSG…) et les meilleurs joueurs (Paul Pogba, Neymar, Lionel Messi…) pour lesquels les équipementiers se livrent une compétition encore plus féroce. Adidas résume sa stratégie d'investissement marketing par la phrase « *Mean more by doing less* ».

Le spécialiste du marketing du sport Peter Rohlmann a calculé que **les dix plus grands clubs d'Europe percevraient 633 millions d'euros de la part de Nike, Adidas et Puma lors de la saison 2017-2018, soit presque trois fois plus que cinq ans auparavant**[35]. Ces joueurs et ces clubs ont pu négocier des contrats beaucoup plus lucratifs. Pour Raffaele Poli, directeur de l'Observateur du football CIES, « il s'agit d'une course aux armes pour les meilleurs joueurs, qui a fait fortement augmenter les contrats de sponsoring. »[36] Pour les clubs et les joueurs « élus », cela s'apparente à une situation de *winner-take-all*[37], c'est-à-dire une situation dans laquelle ils raflent une grande partie de la mise en laissant des miettes aux autres. Pour Peter Rohlmann, « si l'on met de côté les très gros, la capacité de la plupart des clubs à nouer de nouveaux contrats avec les équipementiers est de plus en plus faible », et cette tendance sera de plus en plus marquée à l'avenir.

Les très grands clubs européens sont ardemment courtisés par les équipementiers. Prenons l'exemple du Real Madrid et d'Adidas, partenaires depuis 1998. En 2011, leur partenariat a été renouvelé jusqu'en 2020, pour un montant de 40 millions d'euros par saison, ce qui était déjà important à l'époque. Le journal allemand *Der Spiegel* a publié des documents indiquant que le contrat aurait été revu à la hausse en 2015 et étendu jusqu'en 2024 : le contrat porterait sur un montant fixe de 70 millions d'euros par saison et 22,5 % des ventes sur les produits associés au Real Madrid, avec d'autres primes liées à la performance sportive. La compétition entre équipementiers s'est encore exacer-

---

35 « Adidas, Nike and Puma vie for top soccer clubs », *Handelsblatt*, 4 décembre 2017.

36 « Nike gains a step on Adidas on competition for top soccer stars », Bloomberg, 26 janvier 2018.

37 Le concept de *winner-take-all* a notamment été décrit par l'économiste Robert Frank dans son livre *Winner-take-all Society: Why The Few At The Top Get So Much More Than The Rest Of Us*, Virgin Books, 2010.

bée depuis. Nike mais aussi l'équipementier américain Under Armour ont essayé – en vain pour le moment – de convaincre le Real Madrid de nouer un contrat avec eux et de succéder ainsi à Adidas.

Le partenariat entre le Real Madrid et Adidas rapporterait actuellement au club aux alentours de 140 millions d'euros par saison. Cela illustre à quel point un club à la renommée globale tel que le Real Madrid peut s'avérer important dans la stratégie marketing des équipementiers et peut monétiser sa notoriété globale. Dans son rapport annuel pour la saison 2016-2017, le Real Madrid explique que **ses articles vestimentaires sont en vente sur tous les continents, dans plus de 90 pays et que près de 75 % des ventes ont lieu hors d'Espagne**. Les marchés les plus importants pour les produits textiles Adidas-Real Madrid sont l'Espagne, le Royaume-Uni, la France, la Chine, les États-Unis, le Japon, le Portugal et l'Amérique Latine.

Pour les grands clubs européens, les contrats de longue durée avec les équipementiers sont devenus la norme. Du point de vue des équipementiers, s'engager sur des périodes aussi longues comporte des risques, notamment en cas de moins bonnes performances sportives, et ces contrats sont donc souvent assortis de clauses de non-performance. Dans le cas du contrat entre Adidas et Manchester United (contrat de 10 ans, de 2015 à 2025, pour un montant annuel de 75 millions de livres), les versements peuvent être diminués de moitié en cas de deux non-participations successives en Ligue des champions.

L'une des illustrations les plus spectaculaires de la bataille des équipementiers pour conquérir des grands clubs est la rupture du contrat entre Chelsea et Adidas en 2016. Chelsea avait signé en 2013 un contrat de 10 ans avec Adidas, portant sur 30 millions de livres par saison, qui avait été présenté à l'époque comme « le plus gros contrat à ce jour ».

En mai 2016, Chelsea a annoncé que 2016-2017 serait la dernière année de son partenariat avec Adidas et a versé une compensation de 67 millions de livres à Adidas pour mettre un terme à leur partenariat six ans avant son terme. Chelsea a signé un contrat de 15 ans avec Nike pour un montant de 60 millions de livres par saison, soit le double de ce qu'il percevait auparavant.

Cette bataille des équipementiers pourrait encore être exacerbée par la possible arrivée d'Amazon sur le marché des articles de sport[38] dans les prochaines années.

Des partenariats de plus en plus globaux, notamment grâce aux réseaux sociaux

Un simple coup d'œil sur les tableaux ci-après, qui représentent les sponsors maillots des clubs de Premier League lors des saisons 2010-2011 et 2017-2018, suffit pour se convaincre que les sponsors des grands clubs sont devenus beaucoup plus globaux sur les dernières années.

Alors que la très grande majorité des sponsors maillots étaient britanniques en 2011, ils n'étaient plus que 4 sur 20 en 2018 en Premier League. Parmi les sponsors maillots actuels de ces équipes, on trouve ainsi des entreprises établies aux États-Unis (Chevrolet), en Chine (AIA), au Japon (Yokohama Tyres), aux Émirats arabes unis (Fly Emirates) ou encore en Thaïlande (King Power) ou aux Philippines.

Assez brusquement lors des années 2010, les grands clubs anglais sont passés de sponsors régionaux à des sponsors globaux. Et les montants en jeu ont grimpé en flèche pour les plus grosses équipes.

Manchester United est clairement le club européen qui a le mieux réussi à diversifier et globaliser ses sponsors. Sur la saison 2015-2016, c'était le club européen avec les revenus commerciaux les plus élevés (364 millions d'euros) avec des sponsors comme Vodafone, AIG, AON ou encore Tag Heuer.

Les revenus commerciaux mancuniens ont connu une progression rapide sur les années 2000, mais ils ont très fortement accéléré dès

---

38 « Amazon is getting into sportswear », *Bloomberg*, 13 octobre 2017.

Sponsors maillots des équipes de Premier League pour les saisons 2017-2018

Club	Montant saison 2017-2018 (en millions de livres)	Sponsor	Nationalité	Secteur
Manchester United	47	Chevrolet	États-Unis	Automobiles
Chelsea	40	Yokohama	Japon	Pneumatiques
Manchester City	35	Etihad	Émirats arabes unis	Compagnie aérienne
Tottenham	35	AIA	Chine	Assurances
Arsenal	30	Fly Emirates	Émirats arabes unis	Compagnie aérienne
Liverpool	30	Standard Chartered	Royaume-Uni	Banque
West Ham	10	Betway	Malte	Pari
Everton	9,6	SportPesa	Kenya	Pari
Crystal Palace	6,5	ManBetX	Philippines	Pari
Newcastle	6	Fun88	Chine	Pari
Southampton	6	Virgin Media	Royaume-Uni	Télécommunications
Swansea	4,5	Letou	Chine	Pari
Leicester	4	King Power	Thaïlande	Société de jeux
Bournemouth	3,5	M88	Gibraltar	Pari
Stoke	3,2	Bet365	Royaume-Uni	Pari
Watford	3	FXPro	Royaume-Uni	Services financiers
West Bromwich	3	Palm	Chine	Aménagement paysager
Burnley	2,5	Dafabet	Philippines	Pari
Brighton	1,5	American Express	États-Unis	Services financiers
Huddersfield	1,5	Ope Sports	Malte	Pari

Sponsors maillots des équipes de Premier League pour les saisons 2010-2011

Club	Montant saison 2010-2011 (en millions de livres)	Sponsor	Nationalité	Secteur
Liverpool	20	Standard Chartered	Royaume-Uni	Banque
Manchester United	20	Aon	Royaume-Uni	Assurances
Chelsea	13,8	Samsung	Corée du Sud	Électronique
Tottenham	10	Autonomy	Royaume-Uni	Informatique
Manchester City	7,5	Etihad	Émirats arabes unis	Compagnie aérienne
Arsenal	5,5	Fly Emirates	Émirats arabes unis	Compagnie aérienne
Aston Villa	5	FXPro	Royaume-Uni	Services financiers
Fulham	4	FXPro	Royaume-Uni	Services financiers
Everton	2,6	Chang Beer	Thaïlande	Bière
Newcastle	2,5	Northern Rock	Royaume-Uni	Banque
West Ham	1,7	SBOBET	Philippines	Pari
Blackburn	1,5	Crown Paints	Royaume-Uni	Peinture
Wolves	1,1	Sportingbet	Royaume-Uni	Pari
Sunderland	1	Tombola	Royaume-Uni	Pari
Stoke	1	Britannia	Royaume-Uni	Services financiers
West Bromwich	0,75	Homeserve	Royaume-Uni	Réparations à domicile
Bolton	0,75	188Bet	Île de Man	Pari
Wigan	0,65	188Bet	Île de Man	Pari
Birmingham	0,6	F&C Investments	Royaume-Uni	Services financiers
Blackpool	0,5	Wonga	Royaume-Uni	Services financiers

le début des années 2010. Le montant de son contrat principal de sponsoring maillot est passé de 8 millions de livres sterling par saison pour la période 2000-2006 à 57,4 millions pour la période 2014-2021. Soit une multiplication par 7 en dix ans.

Montants annuels parçus par Manchester United dans le cadre du sponsoring maillot (en millions de livres)

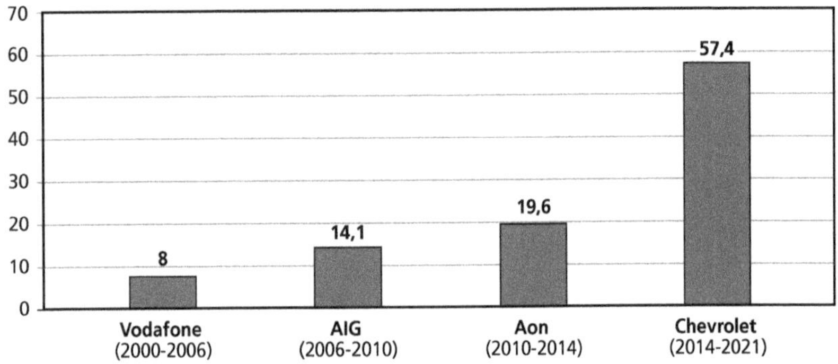

D'après les rapports annuels de Manchester United.

Au 1er juillet 2017, Manchester United comptait pas moins de 26 sponsors, dont 20 étiquetés comme « globaux » et 6 étiquetés « régionaux ». Parmi eux, on trouve des entreprises aussi diversifiées que :

- le producteur automobile américain Chevrolet ;
- la société de production américaine 20th Century Fox ;
- le producteur de vins chilien Concha y Toro ;
- la société de logistique allemande DHL ;
- le producteur de pneumatiques indien Apollo Tyres ;
- le producteur de produits chimiques japonais Kansai Paint,
- le producteur d'hydrocarbures global Gulf Oil International.

De son côté, le Real Madrid a collaboré avec 60 entreprises lors de la saison 2016-2017 et a noué en 2017 de nouveaux partenariats avec plusieurs entreprises non espagnoles : par exemple, Telefonica (fournisseur d'accès internet en Amérique latine, au Royaume-Uni et en Allemagne), Hankook (fabricant de pneumatiques coréen) et Yili (fabricant de produits laitiers chinois). Par ailleurs, le contrat entre le club madrilène et la compagnie aérienne Emirates, sponsor principal du club depuis la saison 2013-2014, a été prolongé jusqu'à la saison 2021-2022.

De son côté, le FC Barcelone a signé un contrat de sponsoring maillot très rémunérateur avec la plateforme de commerce en ligne japonaise Rakuten pour un montant annuel allant de 55 à 61,5 millions d'euros par an[39].

Les craintes par rapport aux sponsors liés aux paris en ligne

Les sociétés de paris en ligne ont acquis ces dernières années une place importante parmi les sponsors des clubs professionnels européens[40]. Cela n'est pas sans susciter l'inquiétude des autorités, qui craignent que cela ne favorise des phénomènes d'addictions.

Une enquête réalisée en 2016 par la Gambling Commission[41], agence publique du Royaume-Uni en charge de la régulation et de la supervision des jeux d'argent, montre que 48 % des Britanniques affirment avoir joué de l'argent au cours du mois précédent. 0,7 % de ceux qui affirment avoir joué de l'argent peuvent être considérés comme ayant un problème pathologique vis-à-vis de ce type de jeux (avec une proportion deux fois plus importante chez les 15-24 ans) et 5,5 % peuvent être considérés comme étant « à risque » (en augmentation par rapport aux années précédentes).

Les problèmes d'addiction aux jeux d'argent touchent plus particulièrement les jeunes[42]. Une étude réalisée en Grande-Bretagne par le

---

39 « Le groupe japonais Rakuten nouveau sponsor maillot du FC Barcelone », *L'Équipe*, 16 novembre 2016.

40 Rappelons que les paris en ligne ont été autorisés en France depuis 2010 et que les sociétés de paris en ligne ont pu sponsoriser des clubs à partir de cette date. Les paris en ligne sont régulés par l'Autorité de régulation des jeux en ligne (Arjel).

41 « Gambling participation in 2016: behaviour, awareness and attitudes », Gambling Commission.

42 S. Cowlishaw, L. Gale, A. Gregory, J. McCambridge et D. Kessler, « Gambling problems in primary care: A cross-sectional study of general practices », *British Journal of General Practice*, 2017.

professeur Sean Cowlishaw de l'université de Bristol a montré qu'environ un quart des individus de 18-24 ans reconnaissaient avoir un problème avec les jeux d'argent. À propos des paris en ligne, il explique : « Nous sommes en présence de nouvelles plateformes qui proposent un éventail large de services de jeux d'argent disponibles comme jamais auparavant. Il s'agit d'un changement profond et les groupes vulnérables tels que les jeunes ont la possibilité de parier 24 heures sur 24 depuis chez eux. Nous n'avons aucune idée de l'étendue du problème. »

Le problème est tout aussi préoccupant en France. Le président de l'Autorité de régulation des jeux en ligne (Arjel), Charles Coppolani, expliquait le 22 novembre 2016 : « 200 000 Français sont touchés par l'addiction au jeu et près d'un million risquent de l'être à court ou moyen termes. Si les enjeux de l'addiction font consensus, les actions à mener pour y faire face restent sujets à débat. »

La forte publicité réalisée par les sociétés de paris en ligne grâce aux contrats de sponsoring avec les équipes professionnelles a été montrée du doigt par certains observateurs. Certains députés britanniques proposent d'interdire les contrats de sponsoring entre les clubs de football professionnel et les sociétés de paris en ligne[43]. Le vice-président du Labour Tom Watson a déclaré : « De plus en plus d'études montrent que les addictions aux jeux d'argent sont une épidémie au Royaume-Uni. [...] Le gouvernement doit se focaliser en particulier sur la publicité que les enfants sont le plus susceptibles de voir, y compris les campagnes de publicité liées aux événements sportifs diffusées avant 21 h et les contrats de sponsoring maillot des clubs de football avec les sociétés de paris. »[44]

L'évolution de la régulation des paris en ligne sera donc à suivre avec beaucoup d'attention sur les prochaines années.

---

43 L'industrie des jeux d'argent a été dérégulée au Royaume-Uni sous Tony Blair en 2005.

44 « Betting and media firms offer to fund addiction awareness ad campaign », *The Guardian*, 17 septembre 2017.

L'une des raisons de la globalisation des sponsors et de la flambée des contrats de sponsoring est la montée en puissance des clubs de football sur les réseaux sociaux. La digitalisation est aujourd'hui en effet l'une des clés de leur développement commercial.

Leur présence sur Twitter, Instagram et autres réseaux sociaux leur permet d'établir un lien direct avec leurs fans, parfois très nombreux, et cela partout dans le monde. Fin octobre 2017, on trouvait ainsi 8 pages liées au football parmi les 40 pages Facebook les plus « likées » du monde. Les quatre premières de ce classement se trouvent être celles de Cristiano Ronaldo, du Real Madrid, de Shakira (la compagne du défenseur du FC Barcelone Gerard Piqué) et du FC Barcelone.

La page Facebook du Paris Saint-Germain était « likée » par près de 32 millions de personnes, ce qui représente environ la moitié de la population française. La page de Neymar était, elle, « likée » par près de 61 millions de personnes, soit 6 millions de plus que Barack Obama. Quand on sait que l'audience en ligne est un facteur attractif pour les sponsors et les partenaires, on comprend bien mieux l'explosion des contrats commerciaux des plus grands clubs européens.

Comme l'indique le site internet de Manchester United, l'objectif en ce qui concerne les contrats de sponsoring est de « monétiser la valeur de sa marque au niveau global et sa communauté de *followers* avec des entreprises majeures au niveau international et régional partout dans le monde ».

En réalité, pour les grands clubs, les réseaux sociaux permettent de démultiplier les contacts directs avec les fans, ce qui offre un potentiel de communication d'une ampleur inédite et ce qui est encore plus intéressant qu'auparavant pour les sponsors. C'est l'accès à leurs *followers* que les clubs monnayent. Manchester United formule explicitement cette stratégie : « Nous attirons des entreprises globales de premier plan comme Adidas, Aon et General Motors (Chevrolet) qui veulent avoir accès et bénéficier de notre communauté de *followers* et de l'association avec notre marque. »

En cela, les clubs de football sont très largement avantagés par rapport à d'autres franchises sportives. Le fait que le football soit le sport le plus populaire au monde explique pourquoi Manchester United comptait 74 millions de *followers* sur Facebook début 2018 contre à peine plus de 8,5 millions pour la franchise des New York Yankees (franchise de baseball la plus titrée de l'histoire de la Major League Baseball). Afin de capitaliser sur leurs *followers* à l'étranger et démarcher des sponsors internationaux, les plus grands clubs ont ouvert des bureaux à l'international (Hong Kong et New York pour le FC Barcelone, Hong Kong pour Manchester United).

Les clubs de football se trouvent ainsi engagés dans une véritable « course aux *followers* » à l'échelle globale et les réseaux sociaux deviennent alors un terrain de bataille essentiel.

Pour eux, les tournées d'été et les matchs amicaux hors saison sur d'autres continents sont également un autre moyen d'enregistrer de nouveaux followers et de développer ainsi leur marque globale. C'est aussi pour cette raison que revient régulièrement l'idée de « délocaliser » certains matchs de championnat anglais et espagnol dans des zones où le football est en plein développement (Chine, États-Unis).

Toujours dans la perspective d'accroître le nombre de *followers*, les grands clubs européens ont par exemple multiplié ces dernières années les communications et les vidéos sur les réseaux sociaux autour du Nouvel An chinois. La Chine étant en raison de sa taille l'un des marchés les plus convoités, les clubs européens comme Manchester United, Real Madrid ou encore FC Barcelone ont multiplié les initiatives en direction du public chinois. À l'occasion du Nouvel An chinois 2018, le PSG et l'Olympique de Marseille ont même joué un match de championnat avec le nom de leurs joueurs floqués en mandarin.

Au-delà de leur valeur sportive, les joueurs les plus médiatiques ont également une valeur « digitale » que les clubs peuvent essayer d'exploiter. Le FC Barcelone explique[45] par exemple que l'utilisation des comptes de Neymar sur les réseaux sociaux lui a permis de nouer son premier contrat de sponsoring avec une entreprise brésilienne (Tenys Pé Baruel).

45 Rapport annuel 2015-2016 du FC Barcelone.

Dans ce cadre, le transfert à l'intersaison 2017 de Neymar au PSG, un club disposant de moins de suiveurs sur les réseaux sociaux que le joueur, dépasse largement la seule dimension sportive : Neymar est une arme marketing pour accroître le nombre de *followers* du club, accélérer sa stratégie digitale et encore mieux valoriser les contrats de sponsoring à l'échelle globale.

Les enjeux de la stratégie digitale sont désormais très importants pour les grands clubs et les rapports annuels de ces derniers font systématiquement un point sur l'évolution du nombre de *followers* Facebook, Twitter, Instagram, ou encore Sina Weibo et Tencent Weibo, leurs équivalents chinois. Dans son rapport sur la saison 2015-2016, le FC Barcelone s'enorgueillissait ainsi de pouvoir remplir chaque jour le Camp Nou avec ses nouveaux *followers* du jour.

Une progression des recettes de sponsoring restreinte aux grands clubs

En réalité, la très forte augmentation des contrats de sponsoring ne concerne que les très grands clubs européens, courtisés par les équipementiers et les sponsors globaux, notamment en raison de leur poids sur les réseaux sociaux. C'est beaucoup moins le cas des petits clubs, voire pas du tout le cas.

Prenons l'exemple des clubs de Ligue 1. Fin octobre 2017, près de 32 millions de personnes avaient « liké » la page Facebook du Paris Saint-Germain. Ils n'étaient qu'un peu moins de 5 millions à avoir fait de même sur les pages de l'AS Monaco et de l'Olympique de Marseille, et 2,7 millions pour l'Olympique lyonnais. Pour tous les autres clubs de Ligue 1, ce chiffre était nettement inférieur à 1 million. L'écart entre le Paris Saint-Germain et les autres clubs de Ligue 1 est donc abyssal. En conséquence, le montant des contrats de sponsoring est très hétérogène. Si les recettes de sponsoring du Paris Saint-Germain sont passées de 22 millions d'euros sur la saison 2008-2009 (c'est-à-dire avant le rachat du club par une entité de l'État du Qatar) à 150 millions d'euros sur la saison 2015-2016, les recettes de sponsoring des autres clubs de Ligue 1 ont quasiment stagné sur cette période.

Aujourd'hui, les recettes de sponsoring du Paris Saint-Germain valent presque autant que celles de tous les autres clubs de Ligue 1 réunis !

Recettes de sponsoring-publicité des clubs de Ligue 1

(en millions d'euros)

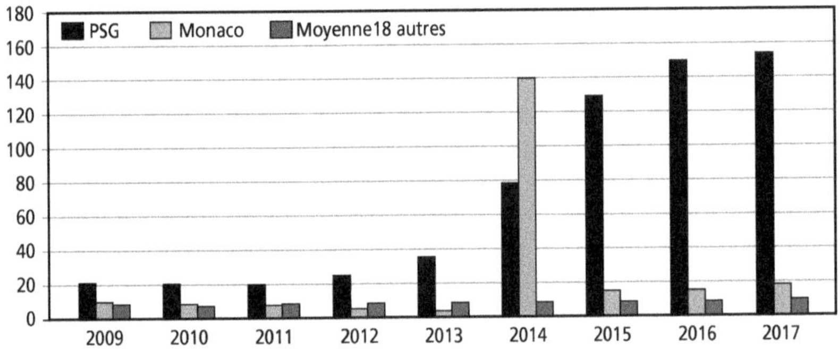

D'après la Direction Nationale du Contrôle de Gestion (DNCG).

NB : l'importance des recettes de sponsoring de l'AS Monaco lors de la saison 2013-2014 s'explique par un contrat éphémère avec la société AIM.

La taille des contrats de sponsoring a flambé pour les grands clubs ces dernières années. Les équipementiers se livrent à une compétition acharnée pour se lier aux clubs ayant le plus de potentiel au niveau mondial, Ils monnayent de plus en plus leur poids sur les réseaux sociaux, avec des entreprises globales et non plus régionales. Cependant, les clubs sont très inégaux en ce qui concerne les contrats de sponsoring, Seuls les très grands clubs européens tirent profit de ces évolutions.

Entretien avec Anthony Alyce

Anthony Alyce est le fondateur du site internet www.ecofoot.fr, qui fait référence sur le thème de l'économie du football et des enjeux marketing et sponsoring. Il intervient régulièrement auprès des clubs de Ligue 1 et Ligue 2 pour les conseiller et les accompagner dans leur développement.

D'après vos observations, quelle est la place de la stratégie digitale dans la stratégie globale des clubs ?

Elle dépend bien évidemment du degré d'intégration des enjeux liés au numérique dans les différents clubs. Mais, pour les plus grands clubs européens, plusieurs dizaines de personnes – sans compter les prestataires associés aux missions – œuvrent quotidiennement et à temps plein sur les problématiques numériques. Par exemple, un club comme l'Olympique lyonnais emploie une vingtaine de personnes à temps plein au sein de son pôle digital. Et ce pôle ne cesse d'être renforcé par de nouvelles recrues mois après mois[46].

Car, trop souvent, on résume les activités numériques d'un club de football à l'animation des réseaux sociaux et à la publication d'articles sur le site officiel. Mais, en réalité, l'essor du digital est en train, tout simplement, de chambouler le *business model* des clubs de football. Toutes les sources de revenus traditionnels sont impactées et de nouvelles opportunités de business émergent (eSport par exemple). L'essor du digital a coïncidé avec le démarrage de véritables stratégies de marque développées par les principaux clubs du Vieux Continent. Et ce n'est pas un hasard.

Par exemple, via le développement du numérique, les clubs ont pu entamer un véritable travail de collecte de données sur leurs fans-supporters, permettant d'enrichir leurs stratégies *customer relationship management* (CRM) et *fan relationship management* (FRM). La généralisation de la vente en ligne des billets de match a permis de généraliser les techniques de *yield management*. L'émergence des stades connectés offre de belles opportunités aux clubs pour générer

46 « Olympique lyonnais, une activité e-commerce en très forte croissance », *Ecofoot*, 6 septembre 2017.

des revenus additionnels lors des jours de match, en faisant augmenter le panier moyen du spectateur. L'émergence du numérique a également facilité le travail d'internationalisation des grands clubs européens.

Les grands clubs européens veulent désormais générer des recettes à la hauteur de leur médiatisation et le digital doit les aider à se réapproprier certaines activités de base de la chaîne de valeur, trop souvent confiées à des partenaires, notamment dans les domaines du merchandising, du sponsoring ou encore de la billetterie.

Obtenir toujours plus de *followers* et s'internationaliser pour les plus grands clubs, est-ce le nouveau nerf de la guerre ?

En effet, le développement des canaux numériques et surtout des réseaux sociaux a facilité le travail des clubs en matière de conquête internationale. Aujourd'hui, la communauté Facebook d'un club comme le PSG est composée à plus de 90 % de fans étrangers ! Avec plusieurs millions de fans basés en Indonésie, au Brésil... Et ce n'est pas un cas à part dans le football européen et même français. Plus de 90 % des fans Facebook de l'AS Monaco sont également situés hors de France.

Si les clubs aiment bien communiquer autour de leurs statistiques globales sur les réseaux sociaux, en revanche, ce n'est pas suffisant pour générer du business additionnel. Aucun club ne parvient à recruter un sponsor en affichant simplement son nombre de fans sur un marché. Les clubs ont besoin d'activer ces fans – voire de collecter des données sur eux et ce n'est pas toujours simple sur des plateformes tierces – pour valoriser leurs importantes communautés internationales. À ce niveau, les clubs n'hésitent pas à embaucher des *community managers* ou des *social media managers* dédiés à la création de contenus à destination de marchés spécifiques. D'autres s'entourent de prestataires, à l'image de clubs comme le PSG, Tottenham ou encore le VfL Wolfsburg qui ont recours aux services de l'agence Samba Agency pour activer leurs communautés situées en Amérique latine.

Enfin, une stratégie d'internationalisation efficace ne peut pas être purement numérique. Les clubs ont besoin de renforcer leur présence sur place pour tisser des liens avec les fans et séduire de nouveaux partenaires. C'est pour cela que les grands clubs européens réalisent des tournées estivales dans des contrées « exotiques ». Ils profitent de ces déplacements pour rencontrer leurs groupes de supporters locaux et des entreprises de la région. D'ailleurs, certains clubs bénéficiant d'une trêve hivernale n'hésitent plus à réaliser une tournée internationale en décembre-janvier.

D'autres clubs vont encore plus loin en ouvrant des antennes régionales afin de nouer de solides liens avec les différents acteurs d'un marché visé. Le FC Barcelone compte aujourd'hui un bureau à Hong Kong et un autre à New York. Le FC Bayern possède également une antenne régionale à New York et une autre à Shanghai. Et le PSG projette d'ouvrir des bureaux à Singapour[47].

Y a-t-il une évolution dans la relation entre clubs, sponsors et partenaires ? Quels sont les nouveaux services proposés par les clubs aux seconds ?

La relation entre les clubs et les partenaires commerciaux s'est totalement métamorphosée au cours des dernières années. Et ce n'est pas exclusivement dû au digital. Les clubs de football professionnel sont passés de structures « associatives » à de véritables entreprises, intégrant en interne de multiples compétences en marketing.

Les exigences des sponsors ont également évolué. Par le passé, seule la visibilité offerte comptait dans ce type de partenariat. Désormais, les sponsors cherchent à s'adresser aux communautés de supporters, en leur proposant des campagnes qui ont du sens pour eux. Dans les campagnes d'activation, les partenaires cherchent alors à apporter une valeur ajoutée aux fans, en proposant notamment un service additionnel. Parmi les exemples, on peut citer la plateforme de covoiturage mise en place par Hyundai lors des rencontres de l'Olympique lyonnais disputées au Groupama Stadium[48].

Enfin, le développement des plateformes numériques stimule la créativité des clubs et des agences accompagnant les annonceurs dans l'activation des accords de sponsoring. La grande tendance du moment est notamment l'organisation de jeux concours permettant de gagner des

47 « PSG : ouverture d'une antenne régionale à Singapour ? », *Ecofoot*, 21 novembre 2017.

48 « L'Olympique lyonnais est un vrai business partner pour Hyundai », *Ecofoot*, 17 janvier 2017.

lots qui sont en réalité des expériences *Money can't buy*. Des mécaniques qui permettent aux annonceurs de contenter les fans tout en recueillant de précieuses données sur les supporters du club sponsorisé. Des données qui doivent permettre, à terme, de convertir le supporter en client.

Jusqu'où pourrait-on voir évoluer le montant des contrats de sponsoring dans les mois et années qui viennent ?

Les grands clubs européens vont continuer à accroître leurs revenus de sponsoring. Pour une raison simple : ils ne génèrent toujours pas un niveau de recettes commerciales à la hauteur de leur médiatisation. En entreprenant de vraies stratégies de marque, en internalisant certaines compétences et en poursuivant l'internationalisation de leurs activités, ils parviendront à franchir de nouveaux paliers. D'ailleurs, à titre d'exemple, le FC Barcelone cherche à atteindre la barre du milliard d'euros de chiffre d'affaires à l'horizon 2020-2021. Un objectif qui est également partagé par Manchester United ou encore le Real Madrid.

En revanche, ce qui est vrai pour les grands clubs ne l'est pas forcément pour les autres clubs européens. L'accélération de la mondialisation et la généralisation de la communication numérique – deux mouvements contribuant à l'abolition des frontières – renforcent les phénomènes de starification. Autrement dit, les masses sont attirées par les clubs qui brillent, qui attirent les stars. Par exemple, au sein des jeunes générations, les grands clubs étrangers sont aujourd'hui très populaires et concurrencent directement nos propres clubs hexagonaux.

Pour lutter contre ce phénomène, les clubs intermédiaires ont intérêt à se différencier en adoptant un positionnement clair et affirmé. D'ailleurs, ce positionnement ne passe pas forcément par un fort ancrage local, même si cette solution est souvent adaptée aux activités d'un club sportif. Certains clubs pourraient notamment se saisir de certaines causes (écologie, féminisme, éducation…) pour séduire un nouveau public et accroître son rayonnement.

Au regard des investissements actuels, n'a-t-on pas atteint un palier dans les montants atteints, comme on le constate avec ceux du Qatar et des Émirats arabes unis dans leurs clubs respectifs ?

Pour les grands clubs européens, non, je ne le crois pas. Devenir partenaire d'un géant du Vieux Continent, c'est l'assurance d'exposer sa marque à plusieurs centaines de millions de supporters à travers le monde. Des chiffres qui font rêver toute firme multinationale ! D'ailleurs, les plus grosses capitalisations boursières de la Planète réfléchissent de plus en plus à investir dans le foot, soit sous forme de prise de participation actionnariale (par exemple Alibaba), soit en s'intéressant aux droits TV (GAFAN), soit sous forme de sponsoring.

Par exemple, en 2015, l'ensemble du secteur a été surpris de l'accord signé entre Manchester United et Adidas à hauteur de 75 millions de livres par saison. Mais, depuis la signature de ce contrat, quatre autres clubs sont parvenus à obtenir des contrats équipementiers avec un minimum garanti supérieur à 60 millions d'euros par exercice : le FC Bayern, Chelsea FC, le FC Barcelone et le Real Madrid. Et ces clubs vont sûrement parvenir à signer de nouveaux accords à la hausse lors des saisons à venir. À travers la visibilité offerte et les revenus générés par la commercialisation des maillots réplica, les équipementiers parviennent à rentabiliser leurs investissements.

Comment voyez-vous l'évolution du sponsoring dans le football (formes, montants, activation) ?

Comme je l'ai dit précédemment, les relations entre sponsors et clubs de football ont déjà beaucoup évolué au cours des dernières années. Mais la révolution qui nous attend pourrait être encore plus spectaculaire.

Aujourd'hui, de nombreux grands clubs européens cherchent à intégrer l'ensemble des activités de la chaîne de valeur d'un média. C'est le cas notamment de Manchester United qui a, au cours des derniers mois, recruté Phil Lynch (ancien haut cadre de Yahoo Média et Sony Pictures), recruté des joueurs à très fort potentiel marketing (Zlatan Ibrahimovic, Paul Pogba...) et lancé son application mobile MUTV sous formule d'abonnement[49]. Les Red Devils ont pour ambition de devenir un média à part entière, en générant du contenu exclusif 24 heures sur 24 et 7 jours sur 7 à destination de sa communauté via sa propre plateforme. Et le développement de son propre support a son importance : Manchester United récolte et est propriétaire de sa propre data, des données qui

49 « Manchester United : vers un nouveau modèle économique ? », *Ecofoot*, 20 juillet 2017.

permettent de segmenter sa base de fans et de proposer, à terme, de véritables opportunités de business à ses partenaires. On rentre alors dans des logiques purement business où le « retour sur investissement » est le maître-mot. Le Real Madrid entreprend le même travail en s'appuyant sur l'expertise de Microsoft[50]. D'ailleurs, dans l'univers du football, on parle de moins en moins de sponsors mais plutôt de *business partners*. Outre le domaine numérique, l'évolution des relations entre clubs et partenaires est également palpable au niveau du merchandising. Certaines collaborations donnent ainsi lieu à la sortie de nouvelles collections de produits, à l'effigie du club sponsorisé. De nouvelles pratiques, telles que le merchandising promotionnel, commencent à se généraliser[51]. L'époque où un sponsor payait simplement pour voir sa marque sur un maillot officiel ou un support de communication est révolue.

Quel regard portez-vous sur l'évolution du marché des transferts et leur inflation ? Quel regard les sponsors et partenaires portent-ils selon vous sur cette évolution majeure ?

Certains spécialistes prédisent bientôt l'éclatement d'une bulle spéculative au sein du football européen. Selon leurs différents scénarios, l'origine de l'éclatement de cette bulle pourrait provenir de la faillite voire du retrait d'un opérateur TV au sein d'un grand marché européen. Un scénario qui paraît peu probable en raison de l'entrée, à plus ou moins court terme, de nouveaux acteurs, issus notamment du web.

Mais, indépendamment de l'évolution des droits TV, les grands clubs européens cherchent justement de plus en plus à diversifier leurs activités, en augmentant considérablement leurs revenus commerciaux ou *matchday*. Et, à terme, ils seront de moins en moins sensibles aux évolutions des montants des droits TV. Les modèles économiques deviennent plus robustes car les sources de revenus sont plus diversifiées. Aujourd'hui, un club comme Manchester United génère

50 « Real Madrid : une stratégie mondialisée organisée autour de la production de contenus », *Ecofoot*, 14 août 2017.

51 « Les clubs de Ligue 1 portent un intérêt croissant pour le merchandising promotionnel », *Ecofoot*, 4 avril 2017.

bien plus de revenus commerciaux que de recettes médias, malgré l'incroyable montant des droits TV en Premier League[52].

Cette croissance continue des produits d'exploitation au sein du football européen est à l'origine de cette inflation du marché des transferts. D'abord directement car les grands clubs bénéficient de plus de ressources pour investir dans les transferts. Mais cette croissance de CA génère également un effet indirect : la plupart des grands clubs européens affichent désormais des résultats nets positifs en fin d'exercice. Un élément qui pousse de plus en plus d'investisseurs à s'intéresser au ballon rond. De nouveaux entrants qui n'hésitent pas à investir massivement dans leurs nouvelles acquisitions pour amorcer une stratégie de croissance (par exemple : Chelsea FC, Manchester City FC, PSG...).

Sauf changement de réglementation majeur dans la politique des transferts, le prix des grands joueurs et des jeunes pépites à fort potentiel va continuer à grimper dans les années à venir. Concernant les sponsors, peu d'annonceurs ont pris position concernant cette évolution pour le moment. Cela s'explique sûrement par le niveau d'activités généré par ces marques, qui est bien supérieur au chiffre d'affaires réalisé par un club de foot.

52 « Nouveau record de chiffre d'affaires pour Manchester United ! », *Ecofoot*, 22 septembre 2017.

Chapitre 4

DES HORDES DE MILLIARDAIRES À L'ASSAUT DU FOOTBALL EUROPÉEN

Qu'ils soient Russes, Qatariens, Émiratis ou Chinois, l'arrivée de nouveaux propriétaires de clubs aux moyens financiers plus importants qu'auparavant a assurément contribué à la hausse des salaires et des indemnités de transfert dans le football européen. Capables d'éponger des déficits lourds en injectant de l'argent frais et d'amener avec eux des contrats de sponsoring de grande ampleur, ils ont changé la face du football européen par leurs investissements. Que l'on songe au passé récent de Chelsea, de Manchester City ou du Paris Saint-Germain : l'arrivée de leurs nouveaux actionnaires a fait basculer ces clubs dans une nouvelle dimension.

Certes, tous les milliardaires propriétaires d'un club n'injectent pas des sommes faramineuses dans celui-ci. S'il est vrai que le russe Roman Abramovich a pu mettre plusieurs milliards de livres sur la table pour le club de Chelsea qu'il a acheté en 2003, François Pinault, l'une des plus grandes fortunes françaises[53], a quant à lui relativement peu investi dans le Stade Rennais qu'il possède pourtant depuis 1998. Le milliardaire russe Dmitri Rybolovlev, propriétaire de l'AS Monaco depuis 2011, s'est initialement lancé dans de fastes investissements

53 Fortune estimée à 28,2 milliards de dollars par Forbes fin 2017.

avant de changer de modèle économique et ne donne plus d'argent au club. C'est même plutôt le contraire.

En réalité, il est difficile d'établir un profil-type des milliardaires propriétaires d'un club de football, tant leurs motivations peuvent être différentes.

Certains d'entre eux profitent de leur richesse tout simplement pour se distraire. Quelques jours après avoir acheté Chelsea, alors qu'un journaliste lui posait la question de ses motivations, Roman Abramovich avait déclaré : « Ce n'est pas du tout pour gagner de l'argent. Je connais beaucoup de moyens beaucoup moins risqués pour gagner de l'argent. Je ne veux pas gaspiller mon argent mais mon but est vraiment de m'amuser, en gagnant des trophées. Je sais ce que les gens disent. Mais il y a beaucoup de jeunes gens riches en Russie. La vie est courte, donc nous dépensons l'argent que nous gagnons. Je suis en train de réaliser mon rêve d'avoir mon propre club de football. Certains mettront en doute mes motivations, d'autres diront que je suis fou. »

Roman Abramovich a ainsi dépensé plusieurs milliards de livres pour propulser Chelsea au sommet du football européen (victoire en Ligue des champions en 2012). On peut également évoquer l'exemple de Dietmar Hopp, milliardaire allemand de l'informatique, qui a racheté en 1990 le club de sa ville d'enfance Hoffenheim alors que le club était en 8e division allemande : son apport financier a été tel que le club a accédé à la première division à l'issue de la saison 2007-2008, finissant même à la 4e place de la Bundesliga lors de la saison 2016-2017. Il a, par exemple, dépensé 60 millions d'euros pour financer la construction d'un nouveau stade de 30 000 places. Dans le cas d'Hoffenheim, un club de haut niveau a été construit quasiment de toutes pièces par un milliardaire.

Pour certains milliardaires propriétaires d'un club de football, on peut évoquer la théorie du loisir et de la consommation ostentatoire de Thorstein Veblen : « Pour s'attirer et conserver l'estime des hommes, il ne suffit pas de posséder simplement richesse ou pouvoir ; il faut encore les mettre en évidence, car c'est à l'évidence seule que va l'estime. » Le football étant extrêmement médiatisé, l'acquisition d'un club professionnel peut permettre de se faire un nom auprès du grand public.

Dans le cas de l'acquisition de clubs professionnels européens par des non-Européens, cela peut permettre de développer une notoriété plus globale et/ou d'ouvrir des portes pour des affaires n'ayant aucun lien avec le football. Cette notoriété peut notamment permettre de faciliter d'autres projets, qu'ils soient financiers, politiques ou géopolitiques. Dans le *Billionaires Report 2017* de la banque UBS[54], un entrepreneur européen possédant un club de sport explique : « Le sport, c'est ma vie et c'est mon passe-temps le plus cher. De plus, la publicité qu'on en tire avec les retransmissions est globale. Le business marche un peu sur le mode "Si tu gagnes dimanche, tu vendras mieux lundi."[55] Les gens s'identifient toujours à ceux qui gagnent. Après tout, tout ce que je fais dans ce secteur doit être soutenable et doit garder un sens commercial. »

Le cas parisien

Le cas de l'acquisition du Paris Saint-Germain par Qatar Sports Investments (QSI) se différencie des autres cas de figure puisqu'il s'agit d'une entité appartenant directement au Qatar : indirectement, le PSG appartient donc à un État. Les réserves de gaz naturel de ce pays d'une superficie comparable à la Corse sont les troisièmes plus importantes du monde, après celles de la Russie et de l'Iran (BP, *Statistical Review of World Energy*, 2017). L'abondance de réserves naturelles lui permet notamment d'avoir l'un des PIB par habitant les plus élevés de la Planète et de dégager des excédents budgétaires substantiels (le FMI a calculé que près de 90 % des recettes budgétaires de l'État du Qatar sur les deux dernières décennies provenaient du secteur des hy-

54 *UBS/PwC Billionaires Report 2017.*

55 L'expression « win on sunday, sell on monday » date au moins des années 1950 et est souvent associée aux courses automobiles.

drocarbures[56]). Ainsi, son fonds souverain Qatar Investment Authority (QIA) détenait 320 milliards de dollars d'actifs en juin 2017.

Les dirigeants du Qatar, conscients que cette manne énergétique ne sera pas éternelle, ont adopté une stratégie de diversification de leurs activités, en particulier dans le secteur du tourisme haut de gamme. Au moment de son acquisition du Paris Saint-Germain, QSI indiquait sur son site internet que l'objectif du Qatar est de « se positionner sur la carte du monde comme une destination touristique de premier plan » et d'en faire un *hub* mondial, mêlant sport et tourisme.

Pour cela, le sport est un axe retenu par le Qatar pour faire sa publicité à travers le monde, notamment avec l'organisation d'événements sportifs de premier plan : tournoi de tennis, de golf, grand prix de Formule 1, Championnat du monde de handball 2015, Coupe du monde de football 2022. La politique menée par le Qatar s'apparente à du *nation branding*, c'est-à-dire la promotion d'un État. Celle-ci repose sur la construction d'un *soft power*[57] sportif passant par une stratégie complète et globale : entrer dans les instances sportives mondiales, participer à des événements sportifs globaux, les organiser et avoir la capacité de bien y figurer.

Au total, le Qatar a prévu un programme d'infrastructures de 200 milliards de dollars (128 % de son produit intérieur brut) dans un but de diversification de ses activités et pour l'organisation de la Coupe du monde 2022. C'est notamment pour renforcer sa crédibilité sportive dans la perspective de cet événement que QSI a acquis le PSG en 2011[58].

---

56 Article IV du FMI sur le Qatar de l'année 2016 publié en avril 2017.

57 Le *soft power* est un concept qui a été développé par le spécialiste des relations internationales Joseph Nye. Il correspond à « la capacité d'influence et de persuasion d'un État, d'une société multinationale, d'une ONG ou d'un groupe minoritaire auprès d'autres acteurs pour les conduire à penser de la même façon que lui ou à changer de comportement, de manière indirecte, en douceur, sans que ces autres acteurs aient l'impression d'y avoir été contraints. »

58 Sur la géopolitique, lire J.-B. Guégan, *Géopolitique du sport, une autre explication du monde*, Bréal, 2017.

Le cas Manchester City

L'acquisition de Manchester City par Mansour bin Zayed Al Nahyan, membre de la famille royale d'Abou Dhabi, en 2008, comporte des similitudes à la fois avec celle de Chelsea par Roman Abramovich et celle du Paris Saint-Germain par QSI, les ambitions personnelles se mêlant à la stratégie d'État dans ce cas.

Comme à Chelsea, l'investissement massif du nouveau propriétaire a permis d'acquérir des trophées rapidement (titre de champion d'Angleterre 2012, 2014 et 2018). Mansour bin Zayed Al Nahyan a même constitué un véritable réseau de clubs puisque, en août 2017, la holding City Football Group (CFG), qu'il détient à 87 %[59], a pris une participation de 44,3 % dans le club espagnol de Gérone alors qu'elle était déjà actionnaire de Manchester City en Angleterre, de New York City aux États-Unis, de Melbourne City en Australie et de l'Atlético Torque en Uruguay (voir chapitre ultérieur).

Quelles que soient leurs motivations, les milliardaires souhaitant parvenir au succès sportif rapidement investissent des centaines de millions d'euros dans l'industrie du football. Il existe grosso modo deux façons de faire : soit l'actionnaire éponge les déficits (mais cela pose problème vis-à-vis du *fair-play* financier de l'UEFA), soit il apporte des contrats de sponsoring d'entités auxquelles il est lié d'une façon ou d'une autre. Chelsea s'est plutôt situé dans la première catégorie et le Paris Saint-Germain et Manchester City dans la seconde. La presse a par exemple évoqué un contrat de sponsoring de 175 millions d'euros par an entre le PSG et la Qatar Tourism Authority, une entité de l'État du Qatar chargée de la promotion du tourisme dans l'Émirat. Le PSG a actuellement un contrat de sponsoring avec la Qatar National Bank (QNB) et la société de télécommunications qatarie Ooredoo. De son côté, Manchester City dispose de contrats avec la compagnie aérienne Etihad, la société de télécommunications d'Abou Dhabi Etisalat et la Tourism & Culture Authority Abu Dhabi.

---

59 Les 13 % restant appartiennent à des entités publiques chinoises.

La présence de ces propriétaires de clubs ayant la capacité d'investir des centaines de millions d'euros par an contribue, entre autres facteurs, à faire grimper les salaires et les indemnités de transfert. En cumulé, les dépenses nettes en transfert (indemnités de transfert versées moins indemnités de transfert reçues) de Manchester City s'élèvent à près d'1,2 milliard d'euros depuis l'arrivée de Mansour bin Zayed Al Nahyan au capital du club. Avec le recrutement de Neymar et de Kylian Mbappé à l'intersaison 2017, le PSG a déjà dépensé près d'un milliard d'euros sur le marché des transferts six ans après l'arrivée de QSI.

Dépenses nettes en transfert sur la période 2008-2018

(en millions d'euros)

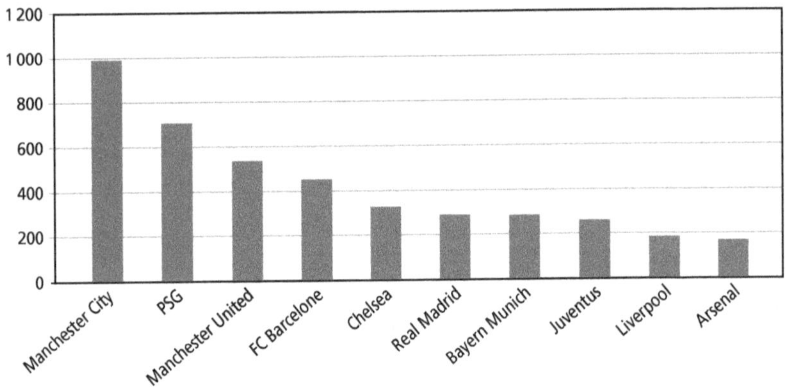

D'après transfermarkt.com.

Le futur est-il toujours aux milliardaires ?

Nous avons vu plus haut que l'acquisition du PSG par une entité de l'État du Qatar s'était faite dans la perspective de la Coupe du monde 2022 : il est aujourd'hui difficile de savoir si le PSG conservera un intérêt stratégique pour ce pays après cet événement. Pour le PSG ou pour un autre club détenu par un milliardaire qui y aurait injecté des montants importants, la question que l'on peut légitimement se poser est : « **Qu'adviendrait-il si le propriétaire milliardaire venait à partir ?** » Dans ce cas de figure, l'impossibilité d'être en déficit ou la disparition de sponsors « généreux » mènerait mécaniquement à une vague de ventes de joueurs et à un allégement de la masse salariale. Ce désinvestissement aurait pour conséquence une réduction du budget (*downsizing*) : il aboutirait à un simple ajustement du niveau de vie et donc du statut sportif. Cela s'apparente au mécanisme s'appliquant chaque saison pour les clubs relégués en division inférieure.

Mais une autre question que l'on peut se poser est : « **Pourquoi n'y aurait-il pas un repreneur comparable ?** » Pour des raisons diverses (mondialisation, hausse du prix des matières premières et des cours boursiers, privatisation de secteurs privés au profit d'oligarques proches du pouvoir dans certains pays), le nombre de milliardaires dans le monde a explosé à partir du début des années 2000. En 2017, Forbes a dénombré 2 043 milliardaires, alors qu'ils n'étaient que 470 en 2000. Ces chiffres sous-estiment à coup sûr la réalité, car Forbes n'évalue pas la fortune des familles lorsqu'il n'est pas possible d'identifier clairement qui possède quoi : par exemple, la famille royale du Qatar n'apparaît pas dans le classement de Forbes. Sur les 2 043 milliardaires recensés par Forbes, 565 sont américains, 319 chinois, 114 allemands, 101 indiens et 96 russes. Pour ces milliardaires, il est aisé d'investir dans le sport (plus de 140 clubs de sport dans le monde sont détenus par 109 milliardaires selon les analystes de la banque UBS[60]) et il est fort probable qu'ils seront de plus en plus nombreux à vouloir le faire dans les années qui arrivent.

L'arrivée de milliardaires dans le football européen s'est produite à un rythme effréné ces dernières années. Dans son livre *The Billionaires Club: The Unstoppable Rise of Football's Super-Rich Owners*

60 Les milliardaires sont en train de changer le monde du sport comme ils sont en train de changer le monde de l'art : en 1995, seuls 28 des 200 plus grands collectionneurs d'art étaient milliardaires alors qu'ils étaient 72 en 2016. En novembre 2017, le tableau *Salvator Mundi* de Léonard de Vinci a été vendu pour la somme record de 450,3 millions de dollars… par l'actionnaire de l'AS Monaco, Dmitry Rybolovlev. Par ailleurs, le nombre de musées privés a fortement crû, notamment en Asie.

(Bloomsbury, 2017), dans lequel il mène une enquête sur la montée en puissance des propriétaires ultra-riches dans le football européen, James Montague explique que l'une des difficultés de son travail a été la cadence des arrivées de nouveaux investisseurs : « Dès que j'avais fini un chapitre, un nouveau club avait été vendu à un mystérieux milliardaire. » L'arrivée de milliardaires dans le football européen est devenue tellement courante qu'un jeu de société Football Billionaire a même été lancé au Royaume-Uni en 2017.

La presse a notamment évoqué le possible rachat de Tottenham par Mark Zuckerberg[61], le 5e homme le plus riche du monde fin 2017. Plus de la moitié des équipes de Premier League est détenue majoritairement par des non-Britanniques. Le phénomène est si fort que la Premier League a adopté en juin 2017 de nouvelles règles à propos de l'actionnariat des clubs, notamment pour éviter que les clubs ne passent aux mains d'investisseurs à la réputation douteuse. Sur ce plan, le rachat du Milan AC en 2017 pour 740 millions d'euros par Rossoneri Sport Investment Lux, une société d'investissement enregistrée au Luxembourg et dirigée par l'homme d'affaires chinois Yonghong Li, pose question. Après avoir dépensé comme jamais auparavant sur le marché des transferts à l'intersaison 2017, le club a rapidement connu des difficultés financières et s'est retrouvé dans le collimateur de l'UEFA.

Outre la hausse des droits TV et des contrats de sponsoring, la hausse des salaires et des indemnités de transfert dans le football européen provient aussi de l'arrivée massive de milliardaires au capital des clubs ces dernières années, pour des raisons variées mais avec souvent en toile de fond une stratégie économique ou géopolitique clairement définie. Avec la très forte augmentation du nombre de milliardaires dans le monde, notamment en Asie, il y a fort à parier qu'il y en aura encore davantage dans le football européen dans les prochaines années.

61 « Facebook could spend £1 billion on a Premier League Football team », *Newsweek*, 10 juillet 2017.

Entretien avec Jean-Baptiste Guégan

Journaliste pour www.ecofoot.fr *et enseignant en école de commerce (ISTEC, ESG, ISC, Moda Domani Institute et EDHEC), Jean-Baptiste Guégan est chargé de cours en géopolitique du sport à l'ESJ Paris. Il s'intéresse aux multiples enjeux du sport contemporain. Auteur de Géopolitique du sport, une autre explication du monde, il a récemment publié Football investigation : les dessous du football en Russie.*

Quels sont les autres enjeux du marché des transferts ?

Les transferts, par leur visibilité médiatique, font ressortir d'autres enjeux. En dehors de leur importance sportive et de leurs conséquences économiques, ils revêtent aussi, suivant les clubs, une dimension géopolitique.

Le transfert de Neymar au PSG à l'été 2017 est à replacer dans la stratégie de croissance sportive globale du club, mais il s'inscrit surtout dans le contexte d'une crise régionale au cœur du golfe Persique mettant aux prises le Qatar, les Émirats arabes unis et l'Arabie saoudite. Ce transfert initié un an auparavant est devenu stratégique car il a permis à l'émirat qatarien de reprendre le dessus sur l'agenda médiatique, d'en fixer le contenu et d'imposer son *story-telling*.

L'arrivée de Neymar au PSG a fait la une pendant des semaines en France et ailleurs. Le monde entier en a parlé. Avec cette actualité sportive, le Qatar a fait oublier les accusations formulées par ses adversaires pendant un temps. Dans ce cas, nous sommes typiquement dans la continuité de la politique de *soft power* menée par l'État qatarien pour construire et entretenir une image internationale positive visant à soigner son attractivité, accroître son rayonnement et se protéger de son voisinage.

La venue de Neymar au PSG répond ainsi à deux logiques : l'internationalisation du club parisien et sa montée en gamme, et celle plus subtile de relais dans la construction d'une image de marque internationale favorable et attractive pour le Qatar. Le *nation branding* qatarien a joué à plein dans son arrivée au Camps des loges et les diverses images de lui à Doha lors de la trêve hivernale le soulignent à merveille.

Le football et l'acquisition du PSG pour le Qatar constituent un instrument et les leviers d'une volonté géopolitique, celle d'un État désireux de préparer la fin de la rente énergétique et poursuivant d'autres buts que la seule réussite sportive. La Chine conduit une politique semblable de rayonnement par le sport et le football.

Qu'en est-il de la Chine ?

Depuis que le président chinois Xi Jinping a été intronisé, il a pour objectif d'imposer la puissance chinoise comme la rivale des États-Unis et de les supplanter à l'horizon 2050. Pour cela, la Chine doit se présenter comme une puissance globale et complète. Or, malgré la richesse de son histoire millénaire et son patrimoine, son rayonnement et sa puissance douce sont limités.

Le football vient, avec le rugby d'ailleurs, répondre à ce besoin. Ils constituent certains des moyens pour faire vivre le « rêve chinois » que Xi Jinping ambitionne de développer. Comme une réponse à l'*American way of life* et au « rêve américain », cette politique le conduit à développer un *soft power*, notamment sportif, capable de susciter la fierté nationale à l'intérieur et l'adhésion à l'étranger.

Son ambition est donc d'instrumentaliser et d'utiliser le sport et plus encore le football, de manière à doter la Chine de ce qui lui manque. C'est pour cela notamment qu'elle s'est énormément rapprochée de la FIFA, qu'elle soutient le Qatar et qu'elle postulera à l'organisation de la Coupe du monde 2030.

Sa visée est clairement géopolitique et mondiale. Suivant cette logique et en dehors de tout intérêt visant à développer une économie des loisirs en Chine, tout le monde dans ce pays a intérêt à suivre l'impulsion donnée par le sommet de l'État, d'autant que Xi Jinping a été réélu et pourra rester au pouvoir à vie.

Cela explique l'achat de clubs étrangers (Milan AC, Inter Milan, Aston Villa…), la multiplication des participations chinoises dans les clubs européens[62] (Lyon, OGC Nice, Granada CF, Atlético Madrid…), mais aussi les investissements chinois faramineux dans les transferts pour améliorer les effectifs de la Chinese Super League (CSL).

62 « Pourquoi les investisseurs chinois s'intéressent-ils au football européen? », *Ecofoot*, 28 août 2017.

En effet, l'un des versants de cette politique est de créer un championnat compétitif, puissant et populaire. On comprend mieux dès lors pourquoi Alibaba ou Wanda, les bras armés du régime, ont massivement investi dans les droits de la CSL, les clubs et ses infrastructures. Le football et le marché des transferts constituent là encore, mais pour d'autres raisons, un élément stratégique dans le cadre d'un objectif géopolitique global : s'affirmer comme la première puissance mondiale.

Chapitre 5

UNE VAGUE D'INVESTISSEURS CHINOIS QUI POURRAIT SE RETIRER RAPIDEMENT ?

En ce qui concerne l'actionnariat des clubs européens, l'un des phénomènes marquants à partir de 2015 a été l'arrivée très soudaine d'investisseurs chinois. Près d'une trentaine de clubs européens (dont par exemple le Milan AC, Aston Villa, Sochaux ou encore Auxerre) appartiendraient au moins en partie à un actionnaire chinois, alors qu'il n'y en avait quasiment aucun avant 2015. Le *Financial Times* a calculé que les investisseurs chinois avaient investi plus **de 2,5 milliards de dollars** sur trois ans en acquisitions ou en prises de participation de clubs européens[63]. Voici quelques exemples spectaculaires :

- **Atlético Madrid** : acquisition de 20 % du capital en **mars 2015** par Wanda Group, immense conglomérat chinois faisant partie des plus grands promoteurs immobiliers du monde.
- **FC Sochaux** : acquisition de 100 % du capital en **juillet 2015** par le groupe chinois Tech Pro Technology (via sa filiale Ledus)[64].
- **Espanyol Barcelone** : acquisition de 56 % (part montée à 90 % depuis) en **novembre 2015** par Rastar Group, groupe chinois spécialisé dans les accessoires automobiles.

---

63 « Football with Chinese characteristics », *Financial Times*, 10 novembre 2017.

64 Début 2018, de nombreux articles de presse faisaient état d'une possible vente du club par Ledus.

- **Manchester City** : acquisition de 13 % de City Football Group, la holding détenant entre autres Manchester City, en **décembre 2015,** par China Media Capital Holdings (CMC) et Citic Capital, deux institutions publiques chinoises.
- **OGC Nice** : acquisition de 80 % du capital en **juin 2016** par International Investor Group, consortium d'investisseurs américains et chinois.
- **Aston Villa** : acquisition de 100 % du capital en **juin 2016** par Recon Sports Limited, propriété de l'homme d'affaires chinois Tony Xia.
- **Wolverhampton** : acquisition de 100 % du capital en **juillet 2016** par Fosun International, un conglomérat disposant d'actifs dans différents secteurs.
- **OL Groupe** : acquisition de 20 % du capital en **décembre 2016** par IDG Capital Partners, une société chinoise de *private equity.*
- **Inter Milan** : acquisition de 68,55 % du capital en **juin 2016** par Suning Holdings Group, holding appartenant au milliardaire chinois Zhang Jindong.
- **Milan AC** : acquisition de 99,93 % du capital en **avril 2017** par Rossoneri Sport Investment Lux, société d'investissement basée au Luxembourg appartenant à des investisseurs chinois.

Des investissements massifs et pas seulement économiques : quand la géopolitique joue un rôle

Les raisons des investissements chinois dans le football européen, aussi massifs que soudains, sont très vraisemblablement liées à une politique d'État. Sous l'impulsion du président Xi Jinping, réputé grand amateur de football, le gouvernement chinois a dévoilé en 2015 un « Plan de développement du football en Chine à moyen et long termes (2016-2050) »[65] ayant pour but de faire de la Chine une « superpuissance » du football et comprenant les points suivants :

65 http://www.gov.cn/zhengce/content/2015-03/16/content_9537.htm

- augmentation substantielle de la pratique du football chez les jeunes avec un objectif de 20 000 écoles de football accueillant 30 millions d'enfants en 2020 (cet objectif a été revu en 2017 avec un objectif de 50 000 écoles de football accueillant 50 millions d'enfants en 2025) ;
- rationalisation rapide du système de gestion du football ;
- formation d'un modèle de développement de l'industrie du football et obtention d'une ligue professionnelle compétitive ;
- organisation d'une Coupe du monde en 2030 ;
- amélioration du niveau de l'équipe nationale et victoire en Coupe du monde d'ici à 2050.

Pour la Chine, les ambitions concernant le football sont liées à une stratégie d'affirmation de sa puissance sur la scène internationale et constitueraient, si elles se concrétisaient, un outil de *soft power*. Comme l'indique le spécialiste de géopolitique Jean-Baptiste Guégan : « Tout pays désireux d'investir massivement dans le sport et d'y peser le fait à dessein. Il souscrit à une stratégie propre qui vise l'acquisition de notoriété, de reconnaissance et d'influence par le sport, dans le sport et au-delà. C'est donc à un usage géopolitique du sport qu'on assiste. Une telle logique [...] instrumentalise le sport pour atteindre plusieurs objectifs : exister sur la scène internationale, s'y affirmer, montrer qu'on en fait partie ou qu'on la domine. » La démarche des autorités chinoises s'inscrit dans ce cadre.

Lors du 19e Congrès du Parti communiste en octobre 2017, le président Xi Jinping a appelé – entre autres choses – à renforcer « le *soft power* et l'influence internationale » de la Chine. Le sport et le football en particulier sont clairement un axe de cette politique. Ainsi, la Chine veut développer son statut de puissance sportive en investissant massivement dans le football, qui est le sport le plus important au niveau mondial en termes de pratique et de médiatisation.

Dans le cadre de la préparation de la candidature de la Chine à l'organisation de la Coupe du monde 2030, de nombreuses entreprises chinoises sont devenues partenaires de la FIFA. Pour la Coupe du monde 2018 en Russie, la FIFA a noué des partenariats avec le groupe

Wanda, le fabricant de produits électroniques Hisense, le fabricant de smartphones Vivo et le producteur de produits laitiers Mengniu. Ce dernier pourra par exemple diffuser un spot publicitaire de sept minutes lors des 64 matchs de la Coupe du monde 2018. Pour sa part, Vivo a signé un contrat de six ans avec la FIFA et sponsorisera la Coupe du monde 2018 mais également l'édition 2022. Pour le spécialiste de la communication Jon Tibbs, ces contrats sont « un signe que la Chine commence à faire étalage de sa puissance financière auprès de la FIFA en vue de sa candidature pour la Coupe du monde 2030 »[66].

L'ampleur de la tâche à accomplir pour parvenir aux avant-postes du football mondial est colossale, la sélection chinoise faisant pâle figure lors des rencontres internationales. La sélection chinoise n'est par exemple pas parvenue à se qualifier pour la Coupe du monde 2018. Fin 2017, la Chine était classée 71ᵉ au classement FIFA, derrière l'Albanie (62ᵉ), le Cap-Vert (67ᵉ) ou le Honduras (68ᵉ) par exemple[67]. Ce défi permet d'expliquer les montants très importants investis pour essayer de favoriser une progression rapide. De nombreuses entités publiques et parapubliques se sont mobilisées pour remplir cet objectif et de nombreux milliardaires chinois ont beaucoup investi dans le football dans l'espoir de satisfaire les élites politiques.

L'un des symboles de cette politique d'État a été le selfie pris par l'attaquant de Manchester City Sergio Agüero avec le président Xi Jinping et le Premier ministre britannique de l'époque, David Cameron, lors de la visite du président chinois en Angleterre. Moins de deux mois après cette visite, China Media Capital (CMC) acquérait 13 % de City Football Group pour 400 millions de dollars. Le communiqué de presse indiquait : « Le partenariat CFG-CMC est fondé sur l'opportunité de créer de la valeur pour CFG en Chine et au-delà en travaillant avec CMC,

---

66 « FIFA World Cup signs on China dairy producer Mengniu as sponsor », *Bloomberg*, 20 décembre 2017.

67 En 2016, Marcello Lippi est devenu sélectionneur de la sélection chinoise. En tant que manager, Lippi a remporté une Coupe du monde et cinq titres de champion d'Italie.

CITIC Capital et l'industrie footballistique chinoise. » Li Ruigang, le président de CMC et son représentant au conseil d'administration de CFG, indiquait pour sa part : « Avec son *business model* unique et avec ses nombreux succès, City Football Group dispose d'une approche systématique pour mettre en place une plateforme globale permettant de favoriser le savoir-faire footballistique, le développement de joueurs, les programmes de formation et les partenariats commerciaux qui bénéficieront à l'industrie du football en Chine sur de multiples plans. »

En décembre 2017, Manchester City a annoncé le lancement à partir de septembre 2018 d'un programme de formation commun avec la Kaiwen Academy basée à Pékin. Le partenariat est d'une durée initiale de dix ans et le programme portera le nom de Kaiwen Manchester City Football School. Pour Marc Xu, le président de la Kaiwen Academy, « ce partenariat est important en termes de compréhension de la culture du football mais aussi en termes d'acceptation et d'apprentissage de la pratique sportive ».

Promouvoir le football en Chine et la Chine par le football

Cette volonté d'État de promouvoir le football se trouve vraisemblablement derrière l'extraordinaire et artificielle montée des droits de retransmission du championnat chinois. China Media Capital, la société qui a pris une participation dans City Football Group, a acheté les droits de Super League pour 5 saisons pour un montant de 8 milliards de renmimbis (environ 1,1 milliard d'euros). Les droits de retransmission de la Super League chinoise ont ainsi été **multipliés par 20** à cette occasion. Li Ruigang, le président de China Media Capital, a déclaré à l'époque : « Les droits de retransmission des championnats sportifs chinois ont longtemps été sous-évalués. Si l'on compare au prix des droits de Premier League ou de NBA, les 8 milliards de yuans [renmimbis] des droits de Super League chinoise ne sont pas encore grand-chose. Nous avons foi dans l'industrie sportive chinoise, et cet argent peut aider nos clubs à acheter de nouveaux équipements ou améliorer nos méthodes d'entraînement pour créer un cycle favorable. »

Forts de ces rentrées d'argent, les clubs chinois se sont mis à recruter de grands noms comme jamais auparavant à partir de 2015. Pour ce faire, ils ont proposé des salaires faramineux à des joueurs de premier plan : plusieurs sources mentionnent même qu'Ezequiel Lavezzi (Hebei China Fortune) et Carlos Tévez[68] (Shanghai Shenhua) y ont perçu des salaires supérieurs à ceux des superstars Cristiano Ronaldo et Lionel Messi. Le milieu de terrain brésilien Paulinho, parti au FC Barcelone à l'été 2017 pour 40 millions d'euros, avait été transféré de Tottenham au club chinois de Guangzhou deux ans auparavant pour 14 millions d'euros, notamment parce que le club chinois lui proposait un salaire quasiment doublé par rapport à celui qu'il percevait en Angleterre, où les salaires sont pourtant déjà élevés. Les dépenses nettes en transfert, très faibles jusque-là, ont atteint près de 300 millions d'euros en 2016 et près de 400 millions en 2017. Le Shanghai SIPG a effectué les plus gros « achats » en recrutant Oscar (qui jouait à Chelsea) pour 60 millions d'euros et Hulk (qui jouait au Zénith Saint-Pétersbourg) pour 56 millions d'euros lors de la saison 2016-2017.

Super Ligue chinoise : différence entre les indemnités de transfert reçues et versées (en millions d'euros)

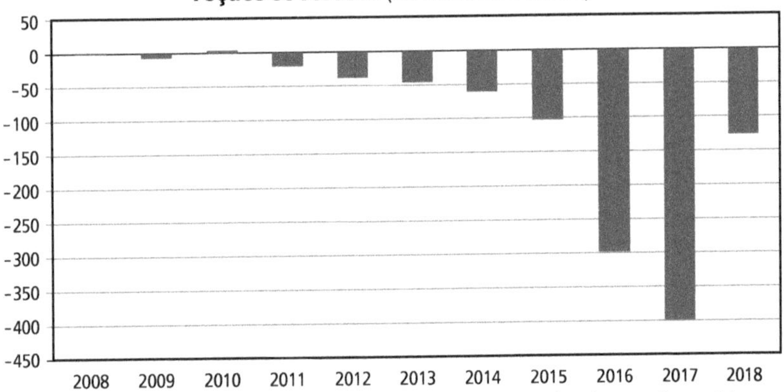

D'après transfermarkt.com.

---

68 Carlos Tévez n'a disputé que 11 matchs avec le Shanghai Shenhua (2 buts marqués) avant que le club et lui-même ne rompent leur contrat de façon prématurée.

Pour les clubs européens, le projet ambitieux de développement du football en Chine a d'abord constitué une véritable aubaine, qu'il s'agisse des indemnités de transfert de grande ampleur versées par les clubs chinois pour recruter des stars des championnats européens, ou des injections de capital dans les clubs européens par des investisseurs chinois. Pourtant, cette plus grande implication dans le football professionnel européen n'est pas sans risques.

Une dynamique remise en cause par le ralentissement de l'économie chinoise

Le ralentissement de l'économie chinoise et de possibles nouvelles pressions à la baisse sur la devise chinoise, le renminbi, pourraient mettre en péril les prises de participation dans les clubs européens.

Rappelons brièvement le contexte économique : très souvent visées par des accusations de sous-évaluation volontaire du renminbi pendant les années 2000, les autorités chinoises l'ont laissé s'apprécier graduellement sur la période 2005-2014, à tel point qu'il était devenu un poids pour l'économie chinoise en 2014. En conséquence, les autorités ont fait en sorte que le renminbi reparte à la baisse à partir de 2014, ce qui a fait craindre à de très nombreux observateurs une dévaluation massive et brutale face au dollar. Cette crainte a été exacerbée après la dévaluation inattendue mais de faible ampleur de la devise chinoise en août 2015 et a précipité des sorties de capitaux de la part d'investisseurs chinois soucieux de préserver leur capital. En parallèle, la campagne anticorruption initiée par le président Xi Jinping a également incité certains citoyens chinois fortunés à transférer une partie de leurs richesses à l'étranger pour les mettre hors de portée des enquêteurs du Parti communiste. Les prises de participation dans des entreprises américaines et européennes se sont multipliées à cette période et ont fait la une des journaux.

Puisque que les sorties de capitaux motivées par la crainte d'une dépréciation brutale du renminbi avaient un potentiel autoréalisateur, **les autorités chinoises ont tenté de les décourager en répétant**

à de nombreuses reprises leur souhait de mieux contrôler les investissements à l'étranger.

Dès la fin de l'année 2016, le Conseil des affaires d'État (équivalent du gouvernement) a travaillé sur l'établissement de restrictions sur les investissements directs à l'étranger, notamment lorsqu'il s'agissait d'investissements dans des secteurs différents du secteur d'origine de l'entreprise ou groupe acquéreur. Le secteur du football a été directement ciblé à cette occasion.

En janvier 2017, l'équivalent du ministère des sports (State General Administration of Sport) a indiqué sur son site internet au sujet du football : « Certains problèmes sont survenus et ont attiré notre attention, comme les coûteuses acquisitions de clubs à l'étranger, le fait que certains clubs jettent de l'argent par les fenêtres et les joueurs étrangers avec des salaires excessifs. » En août 2017, le Conseil des affaires d'État a mis en place des mesures de régulation ciblant les investissements « irrationnels » à l'étranger dans les secteurs de l'immobilier, du divertissement et du sport.

Les autorités ont mis la pression sur de grands groupes tels que Wanda et Fosun International (respectivement actionnaires de l'Atlético Madrid et Wolverhampton FC) afin qu'ils freinent leurs activités à l'étranger. Elles ont notamment demandé aux banques d'État de ne plus financer certaines opérations hors des frontières chinoises et certaines d'entre elles ont été tout simplement annulées.

En faisant référence au président Xi Jinping, un dirigeant du football chinois a déclaré au *Financial Times* : « Au début, tout le monde pensait qu'on pouvait faire tout ce qu'on voulait dans le football du moment que l'Empereur était fan de ce sport. Mais les gens ont oublié que l'Empereur devait aussi faire attention aux risques financiers dans le système. » Le conglomérat Wanda a coopéré avec les autorités et a vendu en neuf mois pour 4 milliards de dollars d'actifs détenus à l'étranger[69] et a promis de se recentrer sur l'économie domestique.

69 « China conglomerates suffer different fates in Beijing crackdown », *Financial Times*, 23 février 2018.

En février 2018, Wanda a revendu sa participation dans l'Atlético Madrid pour un peu plus de 50 millions d'euros[70], une personne proche du dossier indiquant : « Avec l'Atlético, ce n'est pas une question d'argent, mais le club est un grand nom et il s'agit plutôt d'un message aux marchés au sujet de la stratégie de Wanda de rapatrier ses fonds en Chine. »

Par ailleurs, les dépenses importantes des clubs chinois sur le marché des transferts n'ont pas été du goût de tout le monde. **L'heure de la régulation et de la modération était venue**. La Fédération chinoise a décidé en janvier 2017 **un durcissement de ses règles en limitant le nombre de joueurs étrangers**, notamment pour réagir aux « investissements irrationnels » des clubs de Super League : à partir de la saison 2017, les clubs n'ont pu aligner au maximum que trois joueurs non chinois par match. Par la même occasion, la Fédération a imposé que les clubs alignent au moins deux joueurs chinois de moins de 23 ans par onze de départ.

En mai 2017, **une *luxury tax* a été imposée** par l'équivalent du ministère des sports chinois : tout club chinois dépensant plus de 45 millions de renminbis[71] (environ 6 millions d'euros) pour recruter un joueur à l'étranger doit s'acquitter d'une taxe correspondant à 100 % de l'indemnité de transfert, dont le produit sera utilisé pour le développement du football en Chine. En février 2018, le Beijing Guoan a ainsi déboursé environ 74 millions d'euros pour recruter l'attaquant franco-congolais Cédric Bakambu : malgré un montage financier destiné à éviter de payer la *luxury tax*, la Fédération chinoise a insisté pour que le Beijing Guoan verse bien la taxe[72].

Par ailleurs, les autorités chinoises se sont également montrées davantage tatillonnes en ce qui concerne les finances des clubs.

---

70 « Wanda sells down Atlético Madrid stake », *Financial Times*, 14 février 2018.

71 Ce seuil est de 20 millions de renminbis pour les recrutements de joueurs évoluant déjà en Chine.

72 « Cédric Bakambu: Democratic Republic of Congo striker joins Beijing Guoan », BBC, 1er mars 2018.

L'accent a été mis sur leur solvabilité et sur leur santé financière. Ainsi la Fédération chinoise a envoyé en juillet 2017 une lettre à 13 des 16 clubs de Chinese Super League pour les menacer d'exclusion du championnat s'ils ne réglaient pas leurs problèmes de dettes.

À l'heure actuelle, il est difficile d'anticiper si la pression des autorités sur les investissements directs à l'étranger s'intensifiera ou s'atténuera à moyen terme, et quelle forme cela pourrait prendre.

Cependant, il est important d'avoir conscience que les conséquences d'une marche arrière des autorités chinoises – pour le moment assez hypothétique – dans leur ambitieux programme de développement du football seraient très négatives pour le football européen. Si l'abandon du « projet football » par le Qatar aboutissait à la vente d'un seul club (le Paris Saint-Germain), l'abandon du « projet football » par la Chine pourrait conduire à la vente simultanée de dizaine de clubs en Europe et occasionnerait un manque à gagner pour les clubs européens sur le marché des transferts.

En effet, un plus grand contrôle des finances des clubs chinois pourrait avoir pour conséquence une forte baisse de leurs dépenses sur le marché des transferts.

La politique de développement du football en Chine, voulue et impulsée par les autorités, a largement bénéficié au football européen depuis 2015. Cela s'est traduit par des recrutements onéreux effectués par les clubs chinois et des rachats de clubs européens par des investisseurs chinois. Toutefois, le durcissement des conditions des investissements directs à l'étranger pourrait remettre en cause les acquisitions de clubs européens. Comme beaucoup d'autres secteurs, le football européen devra désormais suivre de très près l'évolution de l'économie chinoise et les décisions du gouvernement chinois.

Entretien avec Simon Chadwick

Professeur à l'université de Salford, co-directeur du Centre for Sports Business et co-fondateur du China Soccer Observatory, Simon Chadwick est une référence de l'économie du sport dans le monde anglo-saxon. Auteur d'une quinzaine d'ouvrages, il a notamment travaillé avec le FC Barcelone et la Fédération chinoise de football. Il collabore régulièrement avec le Wall Street Journal, Forbes, *le* Financial Times, The Economist *et* China Daily.

Comment interprétez-vous les investissements chinois massifs dans les championnats européens ?

Les objectifs de ces investissements sont divers : acquérir un savoir-faire, apprendre, générer des revenus, obtenir un accès à des ressources clés telles que les joueurs, diversifier la structure des actifs détenus ou encore exercer une pression diplomatique et développer son *soft power*.

Pensez-vous qu'ils pourraient continuer et devenir pérennes ?

Non. Dernièrement, la volonté de l'État de brider les investissements à l'étranger a freiné les investissements chinois dans les championnats européens. Dans le futur, il sera nécessaire d'avoir des dossiers plus solides financièrement pour des investissements de ce type, éventuellement dans le cadre de projets pouvant s'inscrire dans la politique des « Nouvelles Routes de la soie »[73].

Quelle est aujourd'hui la position du régime chinois face à ces investissements qu'il a d'abord encouragés avant de les freiner ?

Ces investissements sont découragés car le régime cherche à freiner les sorties de devises et à préserver la stabilité du système financier chinois. Surtout, il s'agit de s'assurer que les investissements assurent le prestige de la Chine plutôt que l'enrichissement d'agents de joueurs étrangers. Le

73 On appelle Nouvelles Routes de la soie, le projet *One Belt, One Road Initiative* (OBOR), ou encore *Belt and Road Initiative* (BRI). C'est un projet à visées économique et géopolitique décidé par les autorités chinoises et qui cherche par le développement de routes maritimes et terrestres à relier la Chine avec l'Europe, le sous-continent indien et le Moyen-Orient.

régime cherche aussi à empêcher des investisseurs peu scrupuleux de transférer leurs actifs à l'étranger pour se protéger de l'ingérence de l'État.

Pensez-vous que le championnat chinois puisse concurrencer les championnats européens à moyen terme?

Non. Surtout maintenant que les transferts de joueurs de niveau mondial vers la Chine se sont arrêtés. Désormais, le développement du football chinois doit être perçu comme un projet de long terme.

La stratégie poursuivie par le régime chinois avec le sport est-elle économique ou se double-t-elle d'une volonté de rayonnement géopolitique global ?

Il s'agit essentiellement d'exercer une influence géopolitique, comme avec l'utilisation de la diplomatie des stades en Afrique. Il s'agit aussi de développer des perceptions plus positives de la Chine dans le monde. Mais il y a également une composante socioculturelle : la promotion du football permet par exemple le développement en Chine des compétences humaines et relationnelles, ce que l'on appelle les *soft skills*.

Quel regard portez-vous sur la situation actuelle des deux Milan, passés via des montages et des actionnariats différents sous pavillon chinois ?

Je dirais que la situation y est instable et incertaine. Ces investissements manquent de clarté et les résultats sont décevants. Mon opinion est que, dans les deux cas, les actionnaires sont dépassés par les événements et qu'ils ont du mal à comprendre comment gérer un club de football. Ils doivent travailler dur s'ils veulent s'établir de façon durable au Milan AC et à l'Inter.

Les difficultés du groupe Wanda peuvent-ils avoir un impact sur le développement du football chinois ?

Oui, absolument. Mon sentiment est que le traitement réservé à Wanda est mis en scène pour mettre en garde de façon à peine voilée les autres investisseurs chinois qui pourraient avoir l'intention de se lancer dans ce que les autorités appellent les « investissements irrationnels ».

Chapitre 6

LE FOOTBALL ATTEINT PAR LE CANCER DE LA FRAUDE FISCALE

En 2012, un rapport du Sénat[74] a estimé que **l'évasion fiscale occasionnait un manque à gagner annuel de 30 à 36 milliards d'euros pour l'administration fiscale française.** Ce phénomène pèse extrêmement lourd sur les finances publiques. À titre de comparaison, le budget du ministère de la Justice se montait à 8,2 milliards d'euros en 2016 et le déficit de la Sécurité sociale s'élevait à 4,1 milliards d'euros.

S'il est sans doute simpliste de penser que l'éradication de l'évasion fiscale serait le remède à tous les maux de la société, il l'est tout autant de nier que l'évasion fiscale constitue un véritable cancer pour l'État car elle le prive de ressources qui lui permettraient de fonctionner efficacement et d'investir pour l'avenir.

Comme le montre Gabriel Zucman, professeur d'économie à Berkeley et spécialiste des paradis fiscaux, dans son livre *La Richesse cachée des nations*[75], **l'évasion fiscale est essentiellement pratiquée par les « ultra-riches », c'est-à-dire ceux dont le patrimoine est de plusieurs dizaines de millions d'euros. Le football n'a pas échappé au phénomène. Pire, il est même gangrené par l'évasion fiscale.**

---

74 Commission d'enquête sur l'évasion des capitaux et des actifs hors de France et ses incidences fiscales, 17 juillet 2012.

75 Sur le sujet de l'évasion fiscale, la lecture du livre *La Richesse cachée des nations* (Seuil, 2017) est vivement recommandée.

Au fur et à mesure que les montants en jeu pour recruter les superstars du football (qu'il s'agisse de salaires ou d'indemnités de transfert) ont augmenté, il est devenu encore plus tentant de trouver des systèmes permettant de contourner le paiement de l'impôt, de façon plus ou moins légale. Lors d'une audition d'une commission d'enquête au Parlement européen en septembre 2017, l'évasion fiscale dans le football a même été qualifiée d'« épidémie » par l'un des intervenants.

Les scandales de ce type, impliquant notamment les meilleurs joueurs du monde, se sont multipliés ces dernières années.

Le recours aux sociétés-écrans et aux paradis fiscaux

En 2013, les autorités fiscales espagnoles ont accusé Lionel Messi et son père d'avoir dissimulé les revenus de certains de ses contrats publicitaires (Adidas, PepsiCo, Procter & Gamble)[76] entre 2007 et 2009 en ayant recours à des sociétés-écrans[77] en Uruguay et au Belize. Ce mécanisme leur a permis d'éviter de payer 4,2 millions d'euros d'impôts. Tout en indiquant n'avoir rien à se reprocher, Lionel Messi a effectué un « paiement de régularisation » de 5 millions d'euros aux autorités fiscales, ce qui n'a pas arrêté les poursuites pour autant.

En juillet 2016, **un tribunal catalan a jugé que Lionel Messi était coupable de fraude fiscale** et l'a condamné à 21 mois de prison (en Espagne, les peines de prison de moins de 2 ans peuvent ne pas être appliquées lorsqu'il s'agit d'une première condamnation et lorsqu'il ne s'agit pas d'un crime). Par ailleurs, le tribunal a infligé une amende de 2 millions d'euros au joueur et de 1,5 million à son père. Cette condamnation a été confirmée par la Cour suprême espagnole en mai 2017, qui a indiqué dans sa décision : « Cela défie la logique de voir

---

76 « Lionel Messi in court over alleged tax fraud », *The Guardian*, 27 septembre 2013.

77 Le recours à des sociétés-écrans est classique dans les techniques d'évasion fiscale car il permet de brouiller la traçabilité des fonds.

que quelqu'un gagnant des sommes aussi importantes ne sache pas qu'il doit payer des impôts sur celles-ci. »[78] Au final, la peine de prison a été abandonnée en échange du versement d'une amende supplémentaire de 252 000 euros.

En Espagne, la fraude fiscale est punie d'une peine de prison allant de 1 à 5 ans et d'une amende allant de 1 à 6 fois le montant de la fraude[79]. Dans les cas de fraude fiscale aggravée, la peine de prison va de 2 à 6 ans et l'amende de 2 à 6 fois le montant de la fraude. La coopération avec les autorités, et en particulier la régularisation des impôts non payés, est un facteur de clémence.

Cristiano Ronaldo, le grand rival de Lionel Messi, est lui aussi soupçonné d'évasion fiscale. Il a été entendu en juillet 2017 par un tribunal madrilène dans le cadre d'une enquête préliminaire portant sur des impôts non payés entre 2011 et 2014 pour un montant de 14,7 millions d'euros[80]. Tout comme Messi, Ronaldo aurait eu recours à des sociétés-écrans pour éviter de payer des impôts. Le tribunal l'accuse d'avoir caché des revenus provenant de ses droits d'image grâce à une structure financière qui faisait transiter l'argent *via* l'Irlande jusqu'aux Îles vierges britanniques, un paradis fiscal. Les juges l'accusent de plus d'avoir volontairement caché au fisc 28,4 millions d'euros de revenus correspondant à la cession de ses droits d'image sur la période 2015-2020.

Après son passage au tribunal, Cristiano Ronaldo a publié un communiqué dans lequel il déclare notamment : « Je n'ai jamais rien caché et je n'ai jamais cherché à éviter de payer des impôts. »[81] Le fait

---

78 « Messi's Spanish jail sentence for tax fraud to stand », BBC, 24 mai 2017.

79 En France, la fraude fiscale est punie d'une amende pouvant aller jusqu'à 500 000 euros et d'une peine de prison pouvant aller jusqu'à 5 ans. L'amende peut aller jusqu'à 3 millions d'euros et la peine de prison jusqu'à 7 ans en cas de fraude aggravée.

80 « Cristiano Ronaldo denies €14.7m tax evasion in Madrid court », *The Guardian*, 31 juillet 2017.

81 « Ronaldo Tells Judge He Has 'Never Tried to Avoid Taxes' », Bloomberg, 31 juillet 2017.

qu'il refuse de trouver un accord avec le fisc (contrairement à ce qu'a fait Lionel Messi) augmente la probabilité d'une lourde peine de prison. En décembre 2017, Caridad Gómez Mourelo, responsable de l'unité des crimes financiers du Trésor espagnol, a expliqué dans le journal *El Mundo* que la fraude imputée à Cristiano Ronaldo était très grave et que des contribuables allaient en prison pour des montants beaucoup plus faibles[82].

Avec les révélations « Football Leaks[83] », les projecteurs se sont brutalement tournés vers le phénomène d'évasion fiscale dans le football. Elles marquent potentiellement un tournant dans la façon dont ce secteur gère les revenus liés aux droits d'image (il est en effet beaucoup plus difficile de faire en sorte que les salaires versés directement par les clubs ne soient pas déclarés).

Les superstars Messi et Ronaldo sont loin d'être les seules mises en cause dans des affaires d'évasion fiscale :

- Une peine d'an de prison a par exemple été infligée à l'argentin Javier Mascherano pour évasion fiscale.
- En septembre 2017, Radamel Falcao a plaidé coupable dans une affaire de fraude fiscale en Espagne et a accepté de payer une amende de 6,9 millions d'euros pour éviter un procès[84].
- José Mourinho est accusé par la justice espagnole d'avoir organisé le non-paiement de 3,3 millions d'euros d'impôts en utilisant des sociétés-écrans dans des paradis fiscaux[85].
- Angel Di Maria a plaidé coupable de fraude fiscale devant un tribunal de Madrid et a versé 2 millions d'euros d'arriérés

82 « La jefa de delito fiscal alega ante la juez que Cristiano Ronaldo debe ir a la carcel », *El Mundo*, 26 décembre 2017.

83 Fuite de 18,6 millions de documents confidentiels liés au monde du football obtenus par le journal *Der Spiegel* et traités par les journalistes de l'European Investigative Collaborations, dont fait partie le journal *Mediapart*. Les documents ont été mis en ligne progressivement à partir du 2 décembre 2016.

84 « Ex-Atlético Madrid player Falcao to admit to fax fraud in Spain », Reuters, 16 septembre 2017.

85 « Jose Mourinho denies Spain tax fraud allegation », BBC, 3 novembre 2017.

d'impôts et de pénalités. Le tribunal lui a infligé une peine de prison d'un an.

- Des perquisitions ont eu lieu le 23 mai 2017 dans les locaux du Paris Saint-Germain et au domicile d'Angel Di Maria et de Javier Pastore dans le cadre d'une enquête ouverte en France suite aux révélations « Football Leaks ». Là encore, les joueurs sont soupçonnés d'avoir versé leurs droits d'image à des sociétés-écrans domiciliées dans des paradis fiscaux.
- Alexis Sanchez a été condamné en février 2018 à 16 mois de prison avec sursis et à une amende de près de 600 000 euros pour avoir dissimulé des droits d'image en ayant recours à des sociétés-écrans lorsqu'il jouait au FC Barcelone. Bien qu'Alexis Sanchez ait plaidé coupable, son agent Fernando Felicevich a décrit l'arrangement comme étant « injuste ».
- Xabi Alonso, aujourd'hui retraité, est accusé de fraude fiscale par le fisc espagnol et serait sous la menace d'une peine de prison de 8 ans et demi pour avoir négligé de payer tous les impôts dus sur ses droits d'image.

En décembre 2016, le directeur général des services fiscaux britanniques – Her Majesty's Revenue and Customs (HMRC) – Jon Thompson a indiqué lors d'un comité parlementaire que le versement des droits d'image dans des sociétés offshore étaient le « risque le plus important[86] » en termes de collecte d'impôts pour les footballeurs. **La fraude est donc loin d'être étrangère au football, même si elle ne lui est pas propre.**

À cette date, pas moins de 43 joueurs, 8 agents et 12 clubs étaient sous le coup d'une enquête menée par les services du HMRC liée au paiement de leurs droits d'image. En juillet 2017, ces services indiquaient être en train d'enquêter sur 67 joueurs, 13 agents et 33 clubs.

---

86 « *Collecting tax from high net worth individuals* », House of Commons Committee of Public Accounts, 23 janvier 2017.

L'une des recommandations de ce comité parlementaire était que « le gouvernement britannique prenne des mesures urgentes pour revoir la taxation des droits d'image. » Étant responsables de la collecte de l'impôt et de la lutte contre l'évasion fiscale, il est impératif que les gouvernements européens restent attentifs aux nouvelles formes que peut prendre l'évasion fiscale. Mais si la lutte contre la fraude fiscale dans le football et en dehors veut être efficace, la réponse apportée devra notamment être construite au niveau européen. Sur ce terrain aussi, **le monde du football doit assumer ses responsabilités**.

Le transfert de Neymar de Santos au FC Barcelone, symptomatique de la fraude fiscale lors des transferts de joueurs

Les ballons d'or Messi et Ronaldo sont loin d'être les seules superstars du football à avoir des problèmes avec le fisc espagnol puisque **Neymar, possible futur récipiendaire du ballon d'or, se trouve lui aussi au cœur d'un scandale fiscal retentissant**. En effet, son transfert de Santos au FC Barcelone est l'objet d'une saga judiciaire interminable[87].

Initialement, l'ancien président du FC Barcelone Sandro Rosell avait indiqué que le transfert en question n'avait coûté au club « que » 57,1 millions d'euros, ce qui comprenait une indemnité de transfert de 17,1 millions d'euros versée au club de Santos et 40 millions d'euros versés à la société N&N détenue par Neymar et sa famille (10 millions à la signature du contrat le 15 novembre 2011 et 30 millions lors de son transfert effectif au FC Barcelone). Or, des enquêtes judiciaires ont montré que **ce transfert avait coûté beaucoup plus que les montants annoncés**.

À l'époque du transfert de Neymar de Santos au Barça, les droits sportifs du joueur étaient détenus par le club de Santos mais

87 Voir le résumé complet de l'affaire « The never-ending Neymar transfer scandal », *The Bleacher Report*, octobre 2016.

également par des tierces parties, dont la société d'investissement DIS. Cette dernière détenait à elle seule 40 % des droits sportifs de Neymar et n'a obtenu qu'un versement de 6,8 millions d'euros (40 % des 17,1 millions de l'indemnité de transfert), ce qui a paru faible lorsque des chiffres beaucoup plus élevés ont circulé. Ces tierces parties ont rapidement fait savoir qu'elles estimaient ne pas avoir reçu la part qui leur revenait. L'affaire n'en est pas restée là.

Après avoir constaté des éléments mystérieux dans les comptes du club, Jordi Cases, un pharmacien de Barcelone mais également *socio*[88] du FC Barcelone, a contribué à faire la lumière sur ce transfert en alertant un juge[89].

Peu de temps après, le juge Pablo Ruz a ouvert une enquête, ce qui a poussé Sandro Rosell à la démission le 23 janvier 2014. Le mois suivant, le procureur Jose Perals a accusé le FC Barcelone de fraude fiscale pour un montant de 9,1 millions d'euros, ce qui a été suivi quelques jours plus tard d'un règlement d'impôts complémentaire de 13,5 millions d'euros par le club. Le montant de la fraude de 9,1 millions d'euros correspond à l'impôt qui aurait dû être payé sur les sommes perçues par Neymar et sa famille.

Des articles de presse[90] ont alors mentionné le chiffre de 95 millions d'euros pour le coût réel du transfert et le nouveau président du FC Barcelone Josep Bartomeu a alors expliqué le 24 janvier 2014 que celui-ci était en réalité de 86,2 millions d'euros :

- les 57,1 millions mentionnés jusque-là ;
- 10 autres millions de prime de signature ;

---

88 En Espagne, les *socios* sont des supporters dont les droits sont supérieurs aux supporters ailleurs en Europe. Ils participent à la gouvernance de leurs clubs et ont une part prépondérante dans le choix des présidents des clubs dans lesquels ils sont encartés.

89 Voir le chapitre « The pharmacist's medicine » du livre *Football's Secret Trade: How the Player Transfer Market Was Inflitrated* de A. Duff et T. Panja, Éditions Bloomberg, 2017.

90 « Rosell pagó 95 millones por el jugador Neymar y no los 57 que dijo », *El Mundo*, 20 janvier 2014.

- 2,7 millions de commission d'agent versés au père de Neymar ;
- 4 millions d'euros de droits marketing ;
- 2,5 millions pour la fondation Neymar ;
- 9,9 millions d'accords de collaboration et de détection de talents avec le club de Santos.

Les autorités fiscales brésiliennes ont également ouvert une enquête de leur côté au sujet des versements perçus par Neymar dans le cadre de son transfert de Santos au Barça. Le communiqué des autorités brésiliennes indiquait : « La conduite de Neymar et celle des autres accusés ont occasionné des millions de manque à gagner pour les finances publiques. »

En mars 2016, un juge fédéral brésilien l'a jugé coupable de fraude fiscale et l'a condamné à payer 188,8 millions de reals (environ 45 millions d'euros) d'arriérés d'impôts et de pénalités. Cette amende a été réduite en appel, mais le joueur et ses proches ont été sanctionnés d'une nouvelle amende pour avoir tenté de retarder la procédure.

En juin 2016, le FC Barcelone a reconnu que les 40 millions d'euros versés à la société N&N ne correspondaient pas à une indemnité de transfert mais bien à une avance sur salaire (ce qui aurait dû occasionner à l'époque le versement de 9,3 millions d'euros d'impôts). Le club a fini par accepter de payer une amende de 5 millions d'euros. Le 4 mai 2017, l'Audience nationale, un tribunal espagnol à compétence nationale, a décidé de renvoyer **Neymar, ses parents, Sandro Rosell et Josep Bartomeu devant un tribunal où ils seront poursuivis pour « corruption dans les affaires et escroqueries »**. En janvier 2018, le journal *El Mundo* affirmait que la justice espagnole était en possession de documents indiquant que le transfert de Neymar avait en réalité coûté 134 millions d'euros[91].

Fin février 2018, à la fin de la rédaction de cet ouvrage, cette affaire était loin d'être terminée et des peines de prison et de lourdes amendes étaient encore envisageables.

---

91 « El padre de Neymar revela que el Barcelona gastó 200 millones en su hijo », *El Mundo*, 17 janvier 2018.

Les services fiscaux de plus en plus intéressés par le fonctionnement des transferts et par la dissimulation des rémunérations

En avril 2017, les services de HMRC ont perquisitionné les locaux de Newcastle United et West Ham dans le cadre d'une enquête de fraude fiscale. La légalité de ces perquisitions a été contestée par les clubs mais la Haute Cour de justice britannique a donné raison au HMRC[92], dont un des agents, Lee Griffiths, a expliqué qu'il pensait que Newcastle avait systématiquement contourné le système fiscal lors des transferts que le club avait effectués à une certaine période. Le jugement de la Haute Cour de justice mentionne notamment le transfert de Demba Ba en 2011 alors que le joueur était libre.

Les documents saisis par le HMRC indiquent que le club a versé 1,9 million de livres sterling à Simon Stainrod, un agent de joueurs mandaté par le club, mais que la grande majorité de cette somme avait été « transférée secrètement » à des entreprises liées à Demba Ba – domiciliées pour certaines dans des paradis fiscaux – et à des agents ne disposant pas de licence.

Les documents établissent que le club de Newcastle avait une parfaite connaissance de ces arrangements. Pour Lee Griffiths, cela signifie que Newcastle et Demba Ba ont tous les deux éludé le paiement de l'impôt sur le revenu et des cotisations sociales car les commissions d'agent ne sont pas traitées comme des revenus imposables perçus par le joueur. Dans le cas de ce seul transfert, le HRMC estime que le manque à gagner pour le fisc britannique est proche de 1,2 million de livres sterling. L'enquête du HMRC se poursuit et plusieurs articles de presse mentionnent la possibilité que celle-ci soit étendue à des grands clubs de Premier League. **La fraude fiscale dans le football revêt donc des aspects très différents et se complexifie au fil des années, ce qui représente un véritable challenge pour les autorités.**

---

92 « Newcastle United investigated over "systemic abuse of tax system" », *The Guardian*, 5 octobre 2017.

La fraude fiscale, un vrai danger pour le football professionnel

La fraude et l'évasion fiscales constituent une réelle menace pour le football européen. Si les superstars du football ont écopé jusqu'ici de peines de prison qui n'ont pas été appliquées, rien ne garantit que cela sera toujours le cas à l'avenir.

Dans le cas de Neymar, une interdiction de jouer a été évoquée en remplacement de la peine de prison. Suivant plus ou moins l'évolution des salaires et des indemnités de transfert, les montants de revenus non déclarés augmentent rapidement et il est tout à fait possible d'imaginer que les sanctions prises par les tribunaux seront plus sévères à l'avenir. Dans les situations où les clubs eux-mêmes seraient jugés coupables d'évasion ou de fraude fiscale, les conséquences pourraient également être désastreuses. Les fraudeurs du football pourraient également faire les frais d'une lutte beaucoup plus sérieuse et sévère des États européens contre l'évasion fiscale. Pour le moment, la fraude fiscale n'a pas eu de véritables conséquences sportives, mais il est concevable que cela arrive dans le futur. Bon nombre des meilleurs joueurs et des meilleurs clubs du monde sont concernés, comme nous venons de le voir, et ce n'est pas sans impact sur leurs performances.

Le sujet est d'autant plus sérieux pour le monde du football qu'il est probable que les scandales relatifs à l'évasion fiscale vont se multiplier. Les révélations « Football Leaks » en décembre 2016 ont déclenché l'ouverture d'enquêtes dans plusieurs pays, dont l'Espagne, la France et l'Angleterre. Dans un monde aspirant à toujours plus de transparence et dans lequel il est de plus en plus facile de « faire savoir », il est difficile d'imaginer qu'il n'y ait pas de nouvelles révélations du même genre dans les années à venir.

Pour le moment, les scandales fiscaux n'ont que très peu affecté la popularité des footballeurs, mais il n'en sera peut-être pas toujours ainsi. Il est même concevable que l'opinion publique devienne impitoyable avec les fraudeurs du football, ce qui pourrait par exemple peser sur leur mental et donc sur leurs performances et/ou les contraindre à l'exil. On peut également imaginer que les sponsors et les partenaires des clubs ou des footballeurs se désengagent sous l'effet de la mobilisation massive des réseaux sociaux, à l'image du mouvement #BalanceTonPorc qui a entraîné boycotts et ruptures de contrats dans le cinéma américain.

Enfin, rappelons que la première conséquence négative de la fraude fiscale, dans le football ou ailleurs, est la mise à mal du système redistributif sur lequel reposent nos sociétés. C'est notamment ce qu'a souligné devant les députés le commissaire européen Pierre Moscovici le 14 décembre 2016 : « J'aime beaucoup le football en tant que sport, mais cela ne m'empêche pas d'avoir un regard critique sur l'économie du football quand elle ignore toutes les règles du jeu fiscal et je suis très choqué que ceux qui ont la chance de percevoir des salaires souvent très élevés puissent éviter de participer à l'effort collectif via l'ajustement de leur impôt. »

À l'heure où la transparence devient la règle, la question de l'exemplarité des footballeurs et de leur responsabilité sociale est en jeu. L'avenir du football et de l'adhésion qu'il suscite se joue également sur ce terrain.

Chapitre 7
LA MONTÉE DES NATIONALISMES EN EUROPE : UN RISQUE ?

Le 23 juin 2016, 51,89 % des Britanniques ont indiqué lors d'un référendum qu'ils souhaitaient quitter l'Union européenne. Le Brexit l'emportait. Peu de temps après, la nouvelle Première ministre britannique Theresa May indiquait que le vote du peuple britannique serait respecté et que le Royaume-Uni quitterait bel et bien l'UE, en déclarant notamment : « *Brexit means Brexit !* » Le 29 mars 2017, son gouvernement déclenchait l'article 50 du traité sur l'UE, ouvrant une période de deux ans au bout de laquelle le Royaume-Uni ne fera plus partie de l'UE[93].

On sait que l'une des principales motivations des Britanniques en faveur du Brexit était de reprendre le contrôle de l'immigration. En effet, l'appartenance à l'UE garantissait la libre circulation des travailleurs de l'UE au Royaume-Uni. Le gouvernement britannique a indiqué à plusieurs reprises vouloir renforcer le contrôle de l'immigration des citoyens de l'UE une fois que le Brexit sera devenu effectif[94].

---

93 Il est encore difficile de savoir quelle forme auront les relations entre le Royaume-Uni et l'UE une fois que le premier sera effectivement sorti de la seconde. De plus, des accords de transition, qui peuvent durer des années, pourraient être mis en place après la sortie effective de l'UE.

94 Des documents de travail du Bureau de l'Intérieur parus dans la presse britannique en septembre 2017 mentionnaient des projets de mesures visant à abaisser significativement l'immigration de ressortissants peu qualifiés de l'UE.

Le sujet de l'immigration est donc particulièrement sensible dans le secteur du football car les clubs professionnels emploient de très nombreux joueurs étrangers. Jusqu'à maintenant, les footballeurs de l'UE pouvaient évoluer en Premier League sans difficulté administrative et les footballeurs non communautaires (c'est-à-dire ne provenant pas de l'UE) devaient obtenir un permis de travail, délivré ou non en fonction notamment de la proportion des matchs joués avec leurs équipes nationales respectives au cours des deux années précédentes[95].

Selon l'accord qui sera trouvé entre le Royaume-Uni et les 27 autres pays de l'UE, il est possible que les joueurs de l'UE soient soumis au même système prochainement. Si ces mesures avaient été appliquées quelques années auparavant, N'Golo Kanté et Riyad Mahrez n'auraient pas obtenu de permis de travail et n'auraient alors pas permis à Leicester City de devenir champion d'Angleterre en 2016[96] ! Les conséquences peuvent donc être considérables pour les footballeurs européens, mais aussi pour la compétitivité de la Premier League.

Un Brexit qui tombe à pic pour certaines personnalités du football anglais

Selon un rapport de l'UEFA publié en janvier 2017, **la Premier League est de très loin le championnat européen ayant le plus de**

---

95 Les critères retenus pour l'obtention d'un permis de travail pour les footballeurs supposent qu'ils aient disputé :

- au moins 30 % des matchs pour les sélections classées entre la 1re et la 10e place au classement FIFA ;
- au moins 45 % des matchs pour les sélections classées entre la 11e et la 20e place au classement FIFA ;
- au moins 60 % des matchs pour les sélections classées entre la 21e et la 30e place au classement FIFA ;
- au moins 75 % des matchs pour les sélections classées entre la 31e et la 50e place au classement FIFA.

96 « British football braces for life after Brexit », *Politico*, 21 août 2017.

joueurs étrangers en équipe première (69,2 % au début 2016). Les clubs anglais disposent en effet de moyens financiers tels qu'ils sont en mesure de recruter de nombreux joueurs de qualité en Europe continentale et en Amérique du Sud.

La proportion de joueurs étrangers en Premier League fait pourtant débat en Angleterre depuis une dizaine d'années. Pour certains, l'augmentation du nombre d'étrangers en Premier League est responsable des mauvaises performances de l'équipe d'Angleterre. Nous n'approfondirons pas ce point ici et renvoyons le lecteur au chapitre « Pourquoi l'Angleterre perd alors que les autres gagnent ? » du livre de Stefan Szymanski et Simon Kuper, *Soccernomics*[97].

Pour certaines personnalités du football britannique, on peut dire que le Brexit tombe à pic. En 2013 déjà, l'ancien international anglais Gary Neville avait proposé de mettre en place un système de quotas de joueurs locaux dans les clubs[98] : « Les clubs et les managers britanniques, la Fédération et la Premier League doivent agir ensemble. Nous voulons tous que les nations britanniques produisent plus de joueurs locaux. [...] Nous devons unir nos forces et revenir à un système de quota. Je sais que les gens disent qu'on ne peut pas le faire à cause de la législation européenne, mais quand on veut, on peut. »

Quelque temps plus tard, Neville avait même déclaré que le football anglais était en train de se suicider en permettant la venue d'autant de joueurs étrangers. Des internationaux tels que Steven Gerrard ou Jamie Carragher ont également fait des déclarations allant dans ce sens. Ryan Giggs a, lui, expliqué qu'il y avait trop d'entraîneurs étrangers en Premier League et que cela empêchait l'éclosion d'entraîneurs anglais de qualité.

Sur ce point, il existe ici un désaccord clair entre la Fédération anglaise (FA) et la Premier League, aux intérêts possiblement

---

97 La thèse de Szymanski et Kuper est que les joueurs anglais évoluant en Premier League s'améliorent au contact des joueurs étrangers d'excellent niveau et que l'équipe d'Angleterre s'améliore grâce à l'internationalisation de la Premier League.

98 *The Guardian*, 12 août 2013.

divergents. Le président de la Fédération, Greg Clarke, s'est félicité du fait qu'une restriction de l'immigration des joueurs européens puisse bénéficier aux jeunes joueurs anglais. En revanche, cette perspective plaît beaucoup moins aux dirigeants de la Premier League dont le président, Peter Coates, milite pour un système dans lequel les clubs pourraient choisir 17 joueurs sans restriction de nationalité[99].

Certains scénarios pourraient s'avérer désastreux pour la Premier League[100]. Imposer aux clubs un nombre limité de joueurs de l'UE occasionnerait vraisemblablement des bouleversements dans la plupart des équipes. Lors de la saison 2016-2017, 6 des 11 joueurs les plus utilisés en championnat par le vainqueur Chelsea étaient des ressortissants de l'UE non anglais : Azpilicueta, Courtois, Hazard, Costa, Kanté et Pedro.

Il est clair qu'une Premier League dépourvue d'une bonne partie de ses joueurs européens aurait beaucoup de mal à négocier des droits TV et des contrats de sponsoring aussi élevés qu'aujourd'hui. Fin février 2018, à la fin de la rédaction de ce livre, il existait une possibilité que les droits de retransmission domestiques soient en baisse pour la période 2019-2022 par rapport à la période 2016-2019. Cela créerait une certaine forme d'instabilité financière pour les clubs anglais, dont les budgets et le train de vie seraient revus à la baisse.

En revanche, dans cette éventualité, il est parfaitement possible d'imaginer que les droits TV et les contrats de sponsoring des autres grands championnats européens seraient revus à la hausse en raison d'une plus grande concentration de talents.

Les conséquences du référendum portant sur le Brexit pour la Premier League, peu évidentes en apparence, pourraient en réalité s'avérer assez graves.

---

99 « Premier League fights to retain playing talent after Brexit », Bloomberg, 12 septembre 2017.

100 Le jeu vidéo *Football Manager* retient par exemple plusieurs scénarios de conclusions des négociations entre le Royaume-Uni et l'UE.

L'évolution de la livre sterling, un motif d'inquiétude pour la Premier League

La livre sterling a immédiatement chuté face à l'euro après le référendum sur le Brexit, perdant 7,8 % face à l'euro sur le seul mois de juin 2016, et elle ne s'est jamais vraiment redressée (dépréciation de 16,8 % sur l'ensemble des années 2016 et 2017)[101].

Pour les clubs anglais, la dépréciation de la livre sterling est équivalente à une « baisse de pouvoir d'achat » car recruter en Europe continentale est devenu plus cher. Il a fallu de plus augmenter les salaires en livres sterling dans les nouveaux contrats signés en Premier League pour que ses clubs restent compétitifs par rapport aux autres. Certains joueurs de Premier League originaires d'Europe continentale ont ainsi demandé à être payés en euros. C'est le cas du belge Kevin De Bruyne à Manchester City[102], l'une des stars de la ligue anglaise.

En parlant de l'intersaison 2016, Cliff Baty, le directeur financier de Manchester United, a déclaré : « C'était un peu difficile l'année dernière, quand nous essayions de faire des recrutements et que des joueurs se posaient des questions sur le fait d'être payés en livres sterling. Beaucoup de joueurs européens voudront être payés en euros, ce qui peut se comprendre dans une certaine mesure. Mais nous sommes une entreprise qui fonctionne avec des livres sterling... et gérer cela est assez compliqué. »

Des évolutions erratiques de la livre sterling, dans un sens comme dans l'autre, pourraient se révéler assez déstabilisatrices pour le football anglais, mais aussi pour le football européen. Une forte dépréciation de la livre par rapport à l'euro entraînerait de graves difficultés pour les clubs de Premier League et en conséquence pour tous

---

101 Depuis, la livre sterling a fluctué, notamment au gré de l'état des avancées des négociations sur les futurs accords commerciaux entre le Royaume-Uni et l'UE. L'avenir de la livre sterling dépendra énormément de la conclusion de ces négociations.

102 « The terms of Kevin De Bruyne's Brexit-inspired Man City contract », *Goal*, 20 décembre 2017.

ceux qui en dépendent. En effet, nombreux sont les clubs français qui équilibrent leurs budgets et compensent leurs déficits par la vente à des clubs anglais de joueurs qu'ils ont formés (Lacazette, Bakayoko, Zouma, N'Koudou...).

L'indépendance de la Catalogne, un facteur du risque pour le FC Barcelone et pour la Liga

L'année 2017 a été extrêmement riche en événements politiques en Catalogne. Après avoir été l'objet de spéculations pendant plusieurs années, un référendum sur l'indépendance de cette région d'Espagne s'est tenu le 1er octobre. Celui-ci a été émaillé de nombreux incidents, avec notamment l'intervention de la police fédérale le jour du scrutin. La faible participation qui s'en est suivie (42,4 % des inscrits) a rendu la victoire du « oui » (92 % des bulletins exprimés) difficilement interprétable.

Toutefois, sur la base de ces résultats, le président de la région Carles Puigdemont a proclamé dans un contexte électrique l'indépendance de la République de Catalogne le 10 octobre 2017, avant de la suspendre immédiatement[103].

Bien évidemment, les événements politiques sont suivis de très près par le milieu du football. Lors de la saison 2017-2018, 3 des 20 clubs de Liga et 3 des 22 clubs de deuxième division étaient établis en Catalogne. Le cas du FC Barcelone, qui a depuis toujours été au cœur du mouvement indépendantiste catalan, a été l'objet d'une attention particulière, d'autant que nombre de personnalités barcelonaises s'y sont investies, de Gerard Piqué à Pep Guardiola.

103 Cette annonce a provoqué la fureur du gouvernement espagnol, qui a activé fin octobre l'article 155 de la Constitution espagnole, mettant ainsi la Catalogne sous tutelle. La dissolution du Parlement régional a été suivie de nouvelles élections régionales le 21 décembre 2017, lors desquelles les indépendantistes ont remporté la majorité des sièges (70 sur 135). Fin février 2018, à la fin de la rédaction de ce livre, il reste difficile de dire si la Catalogne fera un jour sécession de l'Espagne.

L'indépendance politique de la Catalogne est donc devenue un sujet majeur pour le football espagnol et européen. Avant le référendum, le président de la Ligue espagnole Javier Tebas avait été clair[104] : « Si ce processus se poursuit, les clubs catalans ne pourraient pas jouer dans ce qu'il reste de l'Espagne. [...] En ce qui concerne le sport, ce n'est pas à la carte et les choses doivent être clairement énoncées. [...] Si la Catalogne devient indépendante, les clubs catalans ne pourront pas jouer dans la Liga espagnole, mais j'espère que cela n'arrivera pas. Je suis inquiet au sujet de l'avenir du FC Barcelone et de la Liga si l'indépendance est proclamée, mais c'est aux Catalans de se prononcer. »

La question de l'avenir de la Catalogne est si déterminante pour la Liga que la mise en vente des droits TV a été reportée[105]. À cette occasion, Javier Tebas avait parlé de droits TV 20 % plus faibles si le Real Madrid ou le Barça quittaient la Liga.

En cas de sécession de la Catalogne, la grande question serait de savoir si les relations entre les fédérations catalane et espagnole seraient suffisamment bonnes pour que le FC Barcelone, cinq fois vainqueur de la Ligue des champions, continue de jouer en Liga. Cela n'a rien d'évident.

L'hypothèse de voir le club évoluer en Ligue 1 ou en Premier League a même été évoquée. Ce scénario est tellement pris au sérieux que Lionel Messi a fait apparaître une clause dans son contrat le libérant de son engagement avec le FC Barcelone si l'indépendance de la Catalogne était proclamée et si le club ne jouait ni en Liga, ni en Premier League, ni en Bundesliga, ni en Série A[106].

Cela serait catastrophique pour le Barça, mais également pour la Liga, car le championnat espagnol y perdrait à la fois sur le plan

104 « Tebas: If Barcelona were in a Catalan league, they'd no longer be a major European power », *Marca*, 8 septembre 2017.

105 « Catalonia crisis delays Liga TV rights talks – Tebas », Reuters, 17 octobre 2017.

106 « Messi agreed no-fee Barça exit clause in case of Catalan independence: media », Reuters, 5 janvier 2018.

sportif et sur le plan financier. L'avenir de la sélection espagnole pourrait également en être affecté.

L'avenir de l'Europe et des régions, déterminant pour l'avenir du football européen

Les exemples du Brexit et de la Catalogne illustrent à quel point les évolutions politiques peuvent influer sur l'évolution du football européen. Le sujet est rarement abordé, mais l'une des raisons de **l'essor économique du football européen tient probablement en partie à la relative stabilité politique du continent, à ses évolutions institutionnelles mais également à la faible volatilité des monnaies européennes**.

Les velléités indépendantistes d'un certain nombre de régions européennes pourraient conduire à la déstabilisation, voire à la désintégration de certains championnats européens : *quid* de la Liga en cas de sécession de la Catalogne ? *Quid* de la Série A en cas d'indépendance du Nord de l'Italie[107] ? *Quid* de la Premier League si Londres quittait le Royaume-Uni, comme cela a parfois été évoqué après le référendum du Brexit[108] ?

L'existence de l'UE a très fortement favorisé la circulation des joueurs en Europe. En effet, sans Cour de justice de l'Union européenne, il n'y aurait pas eu d'arrêt Bosman[109] ! Le football moderne lui doit sa forme actuelle.

En outre, l'existence d'une devise partagée par 19 États (dont quatre des cinq plus grands championnats européens : Allemagne,

---

107 L'indépendance totale du Nord de l'Italie figure notamment dans le programme du parti Ligue du Nord.

108 Voir par exemple « A singular case for London independence », *Financial Times*, 3 octobre 2017.

109 L'arrêt Bosman est un arrêt rendu en 1995 par la Cour de justice de l'Union européenne qui a remis en cause l'existence de quotas de joueurs communautaires dans les équipes de football.

Espagne, France, Italie) a favorisé les transactions de joueurs et le développement de partenariats commerciaux. Les clubs et les joueurs de pays différents ont pu se mettre d'accord plus facilement avec une référence monétaire commune.

Ainsi, l'existence de la Ligue des champions est notamment facilitée par le fait que ses dotations financières sont libellées dans une monnaie utilisée par un grand nombre de pays. Le retour à des monnaies nationales serait potentiellement très déstabilisateur pour le football européen : par exemple, un deutsche mark très fort rendrait très puissants les clubs de Bundesliga et une peseta espagnole très faible affaiblirait inévitablement le Real Madrid et le FC Barcelone.

Il est donc clair que l'importance des sommes en jeu a rendu le football européen encore plus dépendant des évolutions politiques qu'auparavant.

Entretien avec Carole Gomez

Membre du comité de rédaction de La Revue internationale et stratégique, *Carole Gomez est chercheuse à l'Institut des relations internationales et stratégiques (IRIS) fondé par Pascal Boniface. Spécialisée dans l'impact du sport dans les relations internationales, elle a accepté de répondre à quelques questions sur les rapports entre le football et les évolutions de la politique européenne.*

Dans quelle mesure le football européen a-t-il été marqué par l'évolution des institutions politiques européennes ?

De premier abord, le rôle de la Cour de justice des communautés européennes (aujourd'hui Cour de justice de l'Union européenne) est évident, rendu particulièrement remarquable à partir de 1995 et l'arrêt Bosman. Petit à petit, cet intérêt de l'Union européenne (UE) pour le sport va dépasser la seule sphère juridique et dès 2007, avec la publication d'un livre blanc sur le sport, les institutions politiques ont voulu affirmer à la fois leur présence sur ce domaine mais également leur volonté d'action et de réforme. Cela s'est notamment matérialisé par l'article 165 du traité de Lisbonne inscrivant le sport comme un domaine pour lequel l'UE est dotée de compétences.

Par le programme Erasmus + permettant le financement d'actions et de réflexions sur le sport, mais également par le biais de la Commission et du Parlement, les instances européennes se saisissent des nouveaux enjeux du football. Le renouvellement de l'accord de coopération entre l'UEFA et la Commissions européenne tend à le démontrer.

Les mouvements indépendantistes dans différentes régions d'Europe peuvent-ils favoriser l'émergence d'une super ligue européenne ?

La création d'une super ligue européenne est un vieux serpent de mer qui ressurgit à chaque crise sportive et aujourd'hui politique.

La situation en Catalogne suite à l'organisation du référendum du 1er octobre 2017 en est le parfait exemple. Dans la théorie, on pourrait effectivement considérer que ces mouvements indépendantistes peuvent favoriser cette nouvelle compétition.

Plusieurs nuances sont ici à apporter puisque l'UEFA exige que les clubs d'un pays disputent le championnat organisé par leur fédération, ce qui obligerait les nouveaux territoires à être reconnus comme indépendants par la « communauté internationale », et d'un point de vue sportif à voir la nouvelle fédération affiliée à l'UEFA par exemple ; par ailleurs, la situation pour le moins complexe de la situation catalane n'encourage pas à l'action en ce sens.

Chapitre 8

UN FOOTBALL À DEUX VITESSES : BIENTÔT LA RUPTURE ?

L'écart entre les grands et les petits clubs a continué à se creuser fortement ces dernières années. L'idée que tous les clubs professionnels ne disposent pas de moyens financiers égaux n'a rien de nouveau. La façon dont sont organisés[110] les championnats européens favorise les inégalités économiques et financières entre clubs[111]. Toutefois, les proportions atteintes par les inégalités entre clubs d'un même championnat sont tout à fait inédites.

Pour le président de l'UEFA lui-même, les inégalités devraient encore se creuser dans les années à venir[112] : « Nos spécialistes du *fair-play* financier estiment qu'en 2020, si cela continue comme aujourd'hui, 5 clubs européens présenteront un budget annuel supérieur à un milliard d'euros. Pour moi, ce serait un désastre. [...] Le problème le plus important du football moderne, c'est l'équilibre concurrentiel

110 En MLS et dans les ligues nord-américaines, l'organisation est culturellement et économiquement différente. Il existe des mécanismes redistributifs comme le système de *draft*, le *salary cap* et la *luxury tax*, qui n'existent pas en Europe.

111 Dans la quasi-totalité des championnats européens, les droits TV ne sont pas répartis de façon strictement égalitaire. Le fait que les clubs les mieux classés en championnat perçoivent plus de droits TV que les autres perpétue les inégalités financières et donc les inégalités sportives.

112 « Par le passé, l'UEFA n'avait pas de stratégie », *Tribune de Genève*, 18 janvier 2018.

entre les équipes. Il faut à tout prix maintenir la situation actuelle où chaque équipe peut entrer dans les compétitions. Le rêve doit rester vivant. »

Prenons l'exemple de la Ligue 1 et du Paris Saint-Germain. Avant que le PSG ne soit racheté par Qatar Sports Investments, ses recettes représentaient entre 1,5 et 2 fois les recettes moyennes des autres clubs de Ligue 1. Pour la saison 2015-2016, les recettes du PSG représentaient environ 11 fois les recettes moyennes de ses concurrents de Ligue 1. En réalité, les recettes moyennes des autres clubs ont stagné (aux alentours de 50 millions d'euros) pendant que celles du PSG explosaient. **L'hyper-domination financière du PSG a donné lieu à une hyper-domination sportive en Ligue 1** avec les titres de champion 2013, 2014, 2015 et 2016. L'AS Monaco est certes parvenu à rivaliser avec le PSG lors de la saison 2016-2017, mais n'a pas pu être en mesure de rééditer l'exploit après la vente de nombreux joueurs importants à l'intersaison 2017 (et notamment de Kylian Mbappé… parti au PSG). **La corrélation entre puissance financière et réussite sportive est évidente** et les exceptions à la règle sont rares.

Recettes

(en millions d'euros)

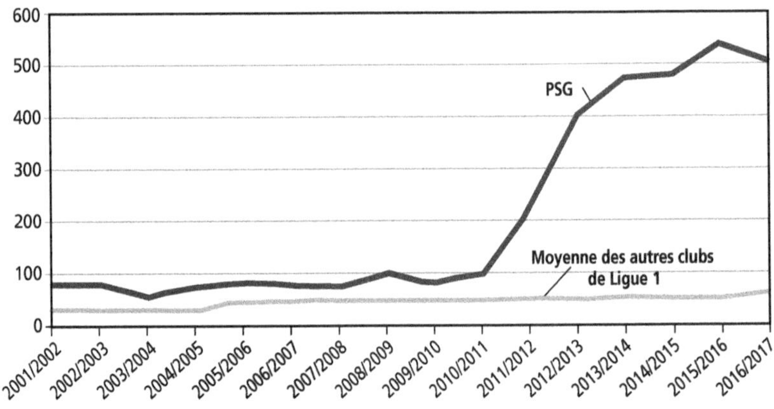

Cette configuration n'est évidemment pas propre à la Ligue 1. En Espagne, les recettes du Real Madrid et du FC Barcelone ont très fortement augmenté sur les quinze dernières années, beaucoup plus rapidement que celles des autres clubs de Liga. Pour la saison 2015-2016, les recettes de chacun de ces clubs représentaient près de 9,5 fois les recettes moyennes des autres clubs de Liga.

L'écart entre les très grands clubs et les autres est tout simplement devenu abyssal

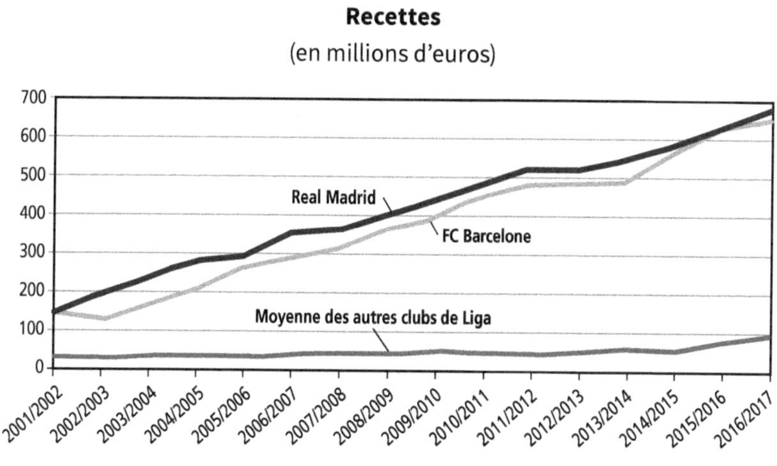

Cette hyper-domination économique s'est traduite de façon éclatante sur le terrain. Depuis la saison 2004-2005, le Real Madrid et le FC Barcelone n'ont laissé échapper le titre de champion d'Espagne qu'une seule fois (Atlético Madrid lors de la saison 2013-2014). Certes, le fait que le Real et le Barça se partagent les titres de champion de Liga n'est pas nouveau, mais leur degré de domination a atteint un niveau inédit après 2010. En effet, leur nombre de défaites en championnat a fortement chuté après cette date. Les défaites du Real et du Barça en championnat sont devenues encore plus rares qu'avant : ces deux équipes ont perdu au plus 5 matchs par saison entre la saison

2009-2010 et la saison 2016-2017. De plus, leur différence de buts en fin de saison (différence entre le nombre de buts marqués et le nombre de buts encaissés) a fortement augmenté : il est désormais courant de voir le Real et le Barça finir la saison avec une différence de buts comprise entre 70 et 90 alors que cela était rarissime auparavant.

La résurgence de l'idée d'une super-ligue européenne

Cette hyper-domination de quelques grands clubs dans leurs championnats nationaux a relancé l'idée d'une super-ligue européenne fermée. En février 2017, le journal espagnol *Marca* a publié un article intitulé « Une super-ligue européenne est sur le point d'arriver », prétendant que les plus grands clubs d'Europe étaient en train de travailler sur les conditions de l'émergence d'une super-ligue européenne fermée. Parmi les clubs cités par l'article, on trouve le Real Madrid, le FC Barcelone, le Paris Saint-Germain, le Bayern Munich, la Juventus et plusieurs clubs de Premier League.

L'idée d'une super-ligue européenne n'est pas nouvelle[113]. L'un des projets les plus aboutis a été la tentative du groupe italien Media Partners en 1999 de mettre en place un championnat de 36 grands clubs européens qui se seraient partagé les bénéfices de la vente des droits de retransmission de la compétition. À l'époque, cela avait poussé l'UEFA à « réformer » ses compétitions et à rendre la Ligue des champions plus attractive pour les grands clubs. Le nombre d'équipes participant aux matchs de poules était passé de

---

113 Cette idée a notamment été théorisée par Hoehn et Szymanski, « The Americanization of European Football », *Economic Policy*, 1999. Ces derniers proposaient la mise en place d'une structure subdivisée en quatre poules délimitées par des zones géographiques distinctes et dont les meilleurs clubs au terme de la saison régulière se rencontreraient en play-offs, à la manière de la NBA. L'idée était qu'une super-ligue européenne soit au football européen ce que la NBA est au basket-ball nord-américain.

24 à 32 à partir de la saison 1999-2000, les dotations avaient été revues à la hausse et la Coupe des vainqueurs de coupe, à laquelle participaient les clubs vainqueurs des coupes nationales, avait été abandonnée.

La décision de permettre à plusieurs clubs des « grands » championnats de participer à la Ligue des champions à partir de la saison 1997-1998 a accru le nombre de grandes affiches entre grands clubs et a permis de vendre plus cher les droits de retransmission télévisuelle. Le projet de Media Partners a échoué, mais la création d'une super-ligue européenne a constitué une menace agitée de façon récurrente par les grands clubs. Cela a été l'un des objectifs annoncés par le G14, un groupe de riches clubs européens fondé en 2000 et dissout en janvier 2008. La formation de l'International Champions Cup, tournoi de matchs amicaux de pré-saison disputé par les plus grands clubs européens aux quatre coins du monde depuis 2013, prouve leur capacité de mobilisation.

La résurgence du projet de super-ligue européenne en 2017 est en partie provenue de la possible indépendance de la Catalogne et de la possible sortie du FC Barcelone du championnat espagnol. Mais elle résulte aussi et surtout d'une réalité plus forte que jamais : les grands clubs européens assomment encore plus qu'avant leurs championnats nationaux (le ratio entre leurs budgets et ceux des petits clubs de leurs propres championnats nationaux a explosé récemment) et l'issue des compétitions nationales est de moins en moins incertaine. Que l'idée d'une super-ligue européenne plaise ou non, sa justification économique n'a jamais été aussi forte pour les grands clubs, ce qui rend le projet de plus en plus crédible. À court ou moyen terme.

Comme toujours face à ce type de menaces, l'UEFA n'a pas tardé à réagir. Aleksander Ceferin, le successeur de Michel Platini à la tête de l'UEFA, a indiqué en avril 2017 qu'il ne permettrait jamais la création d'une super-ligue européenne : « À certains clubs, je dis calmement et sans animosité, mais fermement et résolument : il n'y aura pas de ligue fermée. C'est simple, ce n'est pas en ligne avec nos valeurs et nos idéaux [...]. Ce n'est pas l'argent qui fait la loi. »[114]

Seulement, il est clair que les réformes successives de la Ligue des champions entreprises par l'UEFA ont favorisé à chaque fois un peu plus les grands championnats – et donc les grands clubs – en leur accordant davantage de places qualificatives pour les phases de poule. Dès la saison 2018-2019, les cinq grands championnats (Allemagne, Angleterre, Espagne, France, Italie) enverront au moins 18 clubs en phase de poules, et même 19 si le troisième du championnat de France passe les tours préliminaires, ce qui n'est jamais arrivé auparavant. Les quatre plus grands championnats (Allemagne, Angleterre, Espagne, Italie) représenteront à eux seuls la moitié des 32 équipes en phases de poule. Il n'est donc pas exagéré d'affirmer que la Ligue des champions s'est déjà rapprochée au fil du temps d'une sorte de super-ligue fermée européenne.

Évidemment, il ne s'agit pas d'une ligue fermée *stricto sensu* puisqu'il est théoriquement possible que le Real, le Barça, le PSG ou le Bayern ne se qualifient pas pour la compétition, mais la probabilité que cela se produise est faible. Les fortes dotations financières perçues par les grands clubs avec la Ligue des champions renforcent leurs budgets et accroissent leur domination dans leurs championnats nationaux respectifs.

Les dotations financières moyennes des clubs qualifiés en phase de poules de Ligue des champions sont passées de 13 millions d'euros pour la saison 2003-2004 à 42 millions d'euros pour la saison 2016-2017 (et même 58 millions pour les clubs des cinq grands championnats). À titre d'exemple, sur les 15 saisons allant de 2002-2003 à 2016-2017, le Real Madrid a perçu 569 millions d'euros de dotations financières grâce à la Ligue des champions.

---

114 « UEFA "will never give in to blackmail" over super league, warns president », *The Guardian*, 5 avril 2017.

En réalité, l'évolution du format de la Ligue des champions renforce à la fois les inégalités entre petits et grands championnats et celles entre petits et grands clubs des grands championnats.

Ligue des champions :
dotations perçues entre 2002-2003 et 2016-2017
(en millions d'euros)

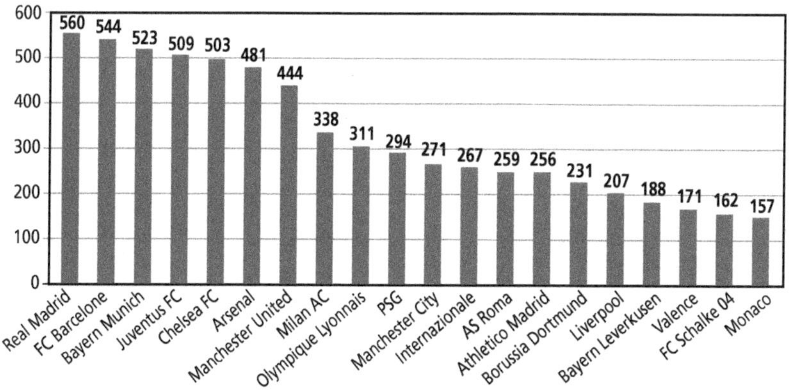

Quel avenir pour les ligues ouvertes ?

L'un des autres points de friction au sein du football professionnel européen concerne la divergence entre divisions d'un même pays, c'est-à-dire l'écart financier et sportif qui existe entre la première division d'un pays et les suivantes.

Celui-ci est particulièrement spectaculaire en Angleterre. Comme nous l'avons vu précédemment, les recettes des clubs de Premier League (1re division anglaise) ont fortement augmenté ces dernières années avec l'explosion des droits TV. Mais ils ont surtout connu une progression beaucoup plus rapide que les recettes de Championship (2e division anglaise). Pour la saison 2015-2016, les recettes moyennes des clubs de Premier League et de Championship étaient respectivement de 243 et 23 millions de livres sterling. Le ratio des recettes des clubs de 1re et 2e divisions a fortement augmenté : il est désormais supérieur à 10 alors qu'il n'était que de 5 il y a dix ans ! **Ces divergences**

ont de graves conséquences pour les clubs qui font la navette entre la 1re et la 2e divisions (voir ci-après l'encadré sur le cas de Hull City).

Chiffre d'affaires moyen des clubs anglais de 1re et de 2e divisions

(en millions de livres)

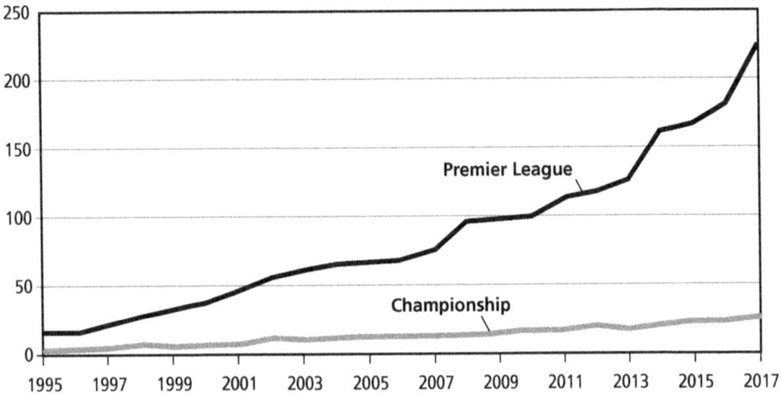

Pour un club de Championship promu en Premier League, cela constitue un véritable changement de monde auquel il n'est pas nécessairement facile de s'adapter : les recettes sont multipliées par 10, mais les dépenses le sont également et les écueils sont nombreux (il n'y a par exemple rien d'évident à se lancer dans des transferts onéreux pour la première fois). Pour un club de Premier League relégué en Championship, la relégation peut vite tourner au désastre financier avec la forte baisse des recettes. L'équilibre est très difficile à trouver : il faut fortement réduire les dépenses pour ne pas réaliser trop de pertes, mais en veillant à ce que cela n'hypothèque pas les chances de remontée en 1re division. La Premier League verse aux clubs relégués un montant « parachute » étalé sur trois ans[115] pour amortir leur chute (55 % des derniers droits TV touchés dans la division supérieure la première année, 45 % la deuxième année et 20 % la dernière année), mais cela n'est pas toujours suffisant pour éviter la catastrophe.

115 Auparavant, les versements étaient étalés sur quatre ans.

Même si la tradition de promotion-relégation reste populaire en Europe et en Angleterre en particulier, le débat du passage à une ligue fermée reviendra de plus en plus souvent dans les années à venir, du fait du creusement des inégalités entre divisions.

La difficulté de faire la navette entre Premier League et Championship : l'exemple de Hull City

Pour la première fois de son histoire, Hull City est parvenu à la promotion en Premier League à l'issue de la saison 2007-2008, a commis des erreurs et a connu des désillusions typiques des clubs promus.

D'abord, il convient de souligner que Hull City a beaucoup dépensé pour obtenir sa promotion en Premier League, une stratégie typique des clubs de 2e division, mais qui se trouve être très risquée : la masse salariale avait doublé lors de la saison 2007-2008 par rapport à la précédente et le club avait accusé en fin de saison un déficit de 10 millions de livres de pertes (pour 11 millions de recettes). Hull City avait, de ce fait, dû contracter un lourd emprunt bancaire et le rapport annuel indiquait que le club devrait trouver 23 millions de livres via des ventes de joueurs si le club venait à être relégué de Premier League à l'issue de la saison 2008-2009 afin de rembourser cet emprunt.

Anticipant une augmentation des recettes et afin d'être compétitifs, Hull City a massivement investi sur le marché des transferts – pour la première fois de son histoire – en dépensant 17,9 millions de livres (sommes des recrutements de l'intersaison 2008 et du mercato d'hiver 2009). Entre malchance et manque de professionnalisme, les recrutements les plus onéreux ont été des flops. En particulier, Hull City a réalisé le plus gros transfert de son histoire lors du mercato d'hiver 2009 en achetant le milieu de terrain Jimmy Bullard pour 5 millions de livres. Plus tard, Jimmy Bullard expliquera que Hull City lui versait par erreur un salaire plus élevé que celui sur lequel les deux parties s'étaient mis d'accord[116] (55 000 livres par semaine au lieu des 40 000 mentionnés lors des négociations) : « Penser

116 « Jimmy Bullard says Hull paid him an extra £15,000 a week by mistake », *The Guardian*, 20 février 2016.

à ce jour me rend fou de joie. Merci Hull City d'avoir changé ma vie. Je peux dépenser sans compter partout où je passe, il y a de l'argent qui me sort par les pores. » Bullard s'est blessé lors de son premier match pour Hull City et n'a plus joué de la saison. La saison suivante, Bullard n'a joué que 13 matchs avec Hull City. L'autre recrue la plus chère, le défenseur Anthony Gardner, n'a joué que 6 matchs lors de la saison 2008-2009.

Après des débuts corrects, la deuxième partie de saison 2008-2009 a été catastrophique, avec une seule victoire lors des matchs retours, mais Hull City a miraculeusement échappé à la relégation en finissant 17e, avec seulement un point d'avance sur Newcastle. En se maintenant, Hull City a donc évité la catastrophe et a finalement dégagé un profit de 2 millions de livres. Mais le sujet du remboursement de l'emprunt bancaire n'a pas été réglé pour autant. Le rapport annuel de la saison 2008-2009 indiquait en effet que le club devrait trouver 21 millions de livres via des ventes de joueurs s'il venait à être relégué à l'issue de la saison suivante (saison 2009-2010).

Le jeune défenseur Michael Turner, qui avait joué l'intégralité de tous les matchs de la saison 2008-2009 et qui avait été élu joueur de l'année du club, a attiré l'attention de clubs ayant des moyens financiers bien plus importants et a été vendu à Sunderland. Cela illustre les difficultés qu'ont les promus à garder leurs meilleurs éléments.

La deuxième saison en Premier League (2009-2010) a été un véritable cauchemar dès le début et Hull City est rarement sorti de la zone de relégation. À elles deux, les deux recrues les plus onéreuses de l'intersaison 2009, Stephen Hunt et Seyi Olofinjana, n'ont été titulaires qu'à 38 reprises. La saison 2009-2010 a surtout été marquée par des rumeurs récurrentes de graves problèmes financiers, qui ont notamment poussé le président du club Paul Duffen à démissionner très tôt dans la saison, le 29 octobre 2009. Le club a même connu des difficultés pour verser les salaires des joueurs en fin de saison[117]. Cela démontre de façon éclatante la dangerosité des stratégies de développement à crédit. L'imminence de la relégation puis la relégation elle-même ont donc

117 « Hull City squad consider wage deferral », *BBC*, 13 mai 2010.

poussé le propriétaire du club Russell Bartlett à chercher un repreneur. Hull City a été racheté pour une livre sterling symbolique en décembre 2010 par Assem Allam, un entrepreneur égypto-britannique ayant fait fortune à Hull, ce dernier ayant promis d'investir 30 millions dans le club. La dette bancaire a été remboursée et un emprunt auprès de la société Allamhouse Limited s'y est substitué.

La relégation a fortement détérioré les comptes de Hull City. Quasiment comme annoncé un an auparavant, le déficit lors de la saison 2010-2011 – la saison du retour en Championship – a été de 20,5 millions de livres. Dans l'obligation de vendre des joueurs pour compenser la perte de recettes, les clubs relégués ont un pouvoir de négociation très faible et sont contraints de se débarrasser de joueurs nettement en-deçà de leur valeur : le club a dû se séparer de son gardien emblématique Boaz Myhill, international gallois ayant disputé 257 matchs de championnat sur 7 saisons avec Hull City, vendu à West Bromwich Albion pour 1,5 million de livres. Un certain nombre de joueurs clés ont refusé de jouer en Championship et ont rompu leur contrat.

Le retour en Championship a duré trois saisons, lors desquelles de lourds déficits se sont accumulés. En effet, la masse salariale n'a pas baissé autant que les recettes. Comme expliqué dans le rapport annuel de la saison 2012-2013, un choix semblait évident : « Les directeurs ont pris la décision ambitieuse de jouer la promotion et ont investi lourdement à cette fin. Steve Bruce, un manager de premier plan, a été recruté et un budget conséquent a été mis à sa disposition pour améliorer l'équipe. » Une nouvelle fois, Hull City a misé sur une forte augmentation des dépenses pour intégrer la Premier League. Le club s'est classé deuxième de Championship lors de la saison 2012-2013, obtenant ainsi la promotion en Premier League. À la fin de la saison, le club devait 72 millions de livres à son propriétaire Assem Allam.

Arrivé en Premier League, Hull City a une nouvelle fois investi massivement sur le marché des transferts en dépensant 31 millions de livres et il est parvenu à se maintenir en finissant 16e. Le club est même allé en finale de FA Cup (défaite contre Arsenal). La saison suivante, Hull City a dépensé une nouvelle fois 30 millions de livres sur le marché des transferts, ce qui n'a pas évité la relégation en Championship à la fin de la saison 2014-2015.

Dès la relégation, l'ambition affichée a d'emblée été de réintégrer la Premier League dès la saison suivante et le club n'a que faiblement réduit sa masse salariale : il a certes obtenu la promotion au bout d'une seule saison en Championship (saison 2015-2016) mais a accusé un déficit de 21 millions de livres, la dette nette du club culminant à 99 millions (dont 23 millions de dette bancaire).

Une nouvelle fois, le retour en Premier League a été de courte durée puisque Hull City a de nouveau été relégué à la fin de la saison 2016-2017. Pas échaudé par l'accumulation des déficits, le club expliquait dans son rapport annuel que son objectif était encore de retrouver la Premier League le plus rapidement possible, en recrutant l'éphémère sélectionneur de la Russie Leonid Slutsky et ne tablant que sur une réduction des coûts de 40 %. Toutefois, cela n'a pas porté ses fruits : au début de l'année 2018, Hull City était en position de relégable en Championship et la situation financière du club était très préoccupante. Après des querelles récurrentes avec les supporters au sujet d'un éventuel changement de nom et de la politique de prix des places, le propriétaire Assem Allam a indiqué qu'il « n'investirait plus un penny » dans le club, ce qui peut laisser envisager le pire.

Globalement, l'histoire de Hull City ces dix dernières années montre à quel point il est devenu difficile de faire la navette entre Championship et Premier League. Les clubs peuvent être incités à trop investir et à prendre des risques financiers inconsidérés pour obtenir la promotion ou pour éviter la relégation. Même avec le système de versements « parachute » pour les clubs relégués, la volatilité des recettes est extrême. L'équilibre des finances devient de plus en plus difficile à trouver et la situation peut rapidement dégénérer.

Manchester City et la création de franchises

Le fait que certains clubs créent des filiales est susceptible d'accentuer les inégalités entre clubs.

Les grands clubs européens essaient de faire grossir leurs chiffres d'affaires en développant leur notoriété au niveau mondial et en nouant des partenariats avec des entreprises étrangères. Dégageant de plus en plus de ressources à l'étranger, ils se transforment ainsi progressivement en multinationales. **Certains vont encore plus loin en achetant ou en créant des clubs étrangers et en en faisant de véritables franchises**. L'exemple de Manchester City est celui pour lequel cette stratégie d'entreprise est la plus aboutie : la holding City Football Group (CFG), créée en mai 2013 par Abu Dhabi United Group[118] (le groupe qui avait acheté Manchester City en 2008), a acheté des clubs en Australie, au Japon, aux États-Unis, en Uruguay et en Espagne[119].

L'ambition du CFG est de devenir la « première organisation footballistique vraiment globale ». Selon certaines estimations, il peut compter sur un réservoir d'un millier de joueurs. Avec les systèmes de prêts de joueurs, le groupe a le pouvoir d'allouer du temps de jeu pour les espoirs du club principal, Manchester City. Lors de la saison 2017-2018, 6 joueurs de ce club ont été prêtés au club espagnol de Gérone, acheté par CFG en 2017. Le développement de franchises permet également d'augmenter la probabilité d'identifier les talents de demain. Une autre idée est de pouvoir négocier des contrats de sponsoring pour l'ensemble du groupe et non plus seulement pour un simple club[120] et de réaliser ainsi des économies d'échelle. Simon Chadwick,

---

118 Société appartenant en totalité au cheikh Mansour bin Zayed Al Nahyan, membre de la famille royale d'Abou Dabi et vice-premier ministre.

119 Melbourne City (Melbourne Heart avant la reprise), Yokohama Marinos, New York City FC, Club Atlético Torque et Gérone pour les équipes masculines. Melbourne City et Manchester City pour les équipes féminines.

120 « Manchester City and the Disneyfication of football », *Financial Times*, 8 décembre 2017.

professeur d'économie du sport à la Salford Business School, explique la stratégie ainsi : « Il est impossible d'emmener l'équipe-type en Amérique une semaine, en Chine la semaine suivante puis en Afrique du Sud la semaine suivante. Cela devient possible en franchisant le nom, les sponsors et l'image. »

L'autre exemple le plus abouti de créations de franchises dans le football professionnel concerne la marque de boissons énergétiques Red Bull. En 2004, le groupe a acquis l'équipe autrichienne SV Austria Salzbourg et l'a rebaptisée Red Bull Salzbourg. En 2006, le groupe a acquis l'équipe américaine New York Metrostars et l'a rebaptisée New York Red Bulls. Le groupe a été encore plus loin en créant presque de toutes pièces un club professionnel allemand en 2009, le RB Leipzig[121]. Parti de 5e division lors de la saison 2009-2010, le club a évolué en Bundesliga pour la première fois lors de la saison 2016-2017, au cours de laquelle il a terminé deuxième et s'est donc qualifié pour la Ligue des champions. Red Bull a également créé un club au Brésil en 2007, le Red Bull Brasil.

Ces évolutions ont provoqué un certain mécontentement parmi les fans de football. Ces derniers reprochent à CFG ou à Red Bull de nier l'histoire des clubs rebaptisés ou encore de servir uniquement des objectifs marketing et financiers lorsqu'ils créent des clubs de toutes pièces.

Que la stratégie de franchisage se développe ou non, elle illustre clairement l'écart grandissant entre les simples clubs et ceux qui jouissent de l'appui de puissances économiques : au-delà des « simples » disparités de budget, la compétition existe aujourd'hui aussi à propos de l'acquisition d'autres clubs ou de la participation à un réseau de clubs connectés par des liens capitalistiques.

121 Le nom exact du club est RasenBallsport Leipzig puisque la loi allemande ne permet pas d'avoir une entreprise dans le nom d'un club.

Entretien avec Grégory Schneider

Journaliste à Libération *depuis 2001 où il est responsable du service Sports, Grégory Schneider est un passionné de football. Il est fréquemment invité sur les plateaux de télévision.*

On constate une forte augmentation des prix sur le marché des transferts qui met clairement à mal ce qu'on appelle la glorieuse incertitude dans le football. Qu'en pensez-vous ?

Tout cela débute après l'arrêt Bosman, plus le fait concomitant de mettre trois, quatre clubs du même pays en Ligue des champions. L'arrêt Bosman dans les faits conduit à avoir une concentration des 120 meilleurs joueurs du monde dans les dix mêmes clubs.

Les grands clubs historiques voulaient faire une ligue fermée, il fut un temps. Ils l'ont fait, cela s'appelle les quarts de finale de Ligue des champions. Les six ou sept mêmes clubs y sont présents chaque année.

Qu'ont finalement en commun les hyper-clubs européens et les petits clubs des championnats qui jouent quasiment leur survie au quotidien ?

Ils n'ont absolument rien en commun. Ce qui me fascine, c'est la faculté qu'ont les gros clubs à faire comprendre et croire aux plus petits qu'ils ont intérêt à ce que le gros soit de plus en plus gros et puissant.

Quand tous vous disent que « Neymar, c'est une bonne nouvelle pour le championnat de France », il faut franchement qu'on nous l'explique. Demandez à Jean-Michel Aulas si c'est bon pour le championnat de France et son incertitude sportive. Au regard du modèle économique qu'il a développé pour l'Olympique lyonnais, il va vous dire non et il a raison. Tous vendent une illusion. Ce qui est bon pour le PSG n'est pas forcément bon pour Troyes. Cette idée portée par divers influenceurs s'impose pourtant…

Pensez-vous que des ligues fermées, au niveau national, sont inéluctables ?

Non, parce que l'argent les a déjà fermées. C'est la même chose pour la Ligue des champions. Les six ou sept grands clubs européens dont je parlais ont une place assurée, « au sec ».

J'ai une anecdote à ce sujet. J'étais à la reconduction de contrat de Fly Emirates avec le PSG, au Parc des Princes, en 2013. Le PDG d'Emirates Europe était présent et il annonce : « Tout est bon pour nous, nous avons décidé de nous réengager. Nous avons reçu énormément de signaux positifs, et le signal fondamental pour nous reste l'arrivée d'Edinson Cavani à Paris. » Dans ce contexte, entendre parler d'un joueur est surprenant. En fait, ce qu'il voulait dire était simple. L'année précédente, le PSG était au-dessus du lot parce qu'Ibra mettait 50 buts. Mais le club restera au sommet aujourd'hui car demain, même si Ibra se blesse, un autre grand buteur est présent : Edinson Cavani. Il n'y a plus d'incertitude parce que les 50 buts seront marqués quoi qu'il en soit par l'un ou par l'autre. Le poste d'Ibra est doublé. L'entendre aussi nettement désarçonne.

Je ne le critique pas, c'est logique, mais en tant que journaliste, ce qu'il voulait dire c'est qu'il n'y aurait plus d'incertitude. La Ligue 1 lui apparaissait comme une compétition fermée, réduite au PSG.

Ne sommes-nous pas face à une super ligue européenne dans le cas de la Ligue des champions, une super ligue fermée qui ne dit pas son nom ?

La Ligue des champions l'est effectivement. C'est fini, ce sont toujours les six mêmes clubs chaque année. Il peut certes y avoir un petit accident avec l'absence de l'un au profit d'un club extérieur, mais cela ne durera qu'une année… Ce seront globalement toujours les mêmes. Cela ne bouge pas.

Si on regarde le foot aujourd'hui, en tant que journaliste et observateur avisé, quel regard portez-vous sur le fait qu'on ne parle plus tellement de foot mais plus d'économie et de géopolitique lorsqu'on aborde le ballon rond ?

Oui, le foot n'est plus le foot. Maintenant, si j'ai envie de savoir qui va gagner demain, je ne vais plus seulement parler de tactique, je vais penser à l'argent, je vais envisager les enjeux géopolitiques.

Je suis journaliste, tout m'intéresse et je ne m'en lasserai jamais, mais les choses ont évolué. L'autre jour sur le plateau de *L'Équipe 21*, j'étais avec Nicolas Sarkozy. Nous avons pu parler très franchement. Sa façon de penser est d'un froid réalisme. Par contre, j'ai compris en discutant avec lui le pouvoir de fascination du football.

C'est un sport qui rassemble tout mais, *in fine*, il dépendra toujours de jeunes joueurs d'une vingtaine d'années. C'est ce qui fait le potentiel de fascination du football. Les dispositifs les plus sophistiqués parfois s'écroulent, comme on a pu le voir lors de la remontada subie par le PSG en 2017[122]. L'incertitude aujourd'hui, ce n'est plus que cela et aujourd'hui, elle n'existe plus qu'entre six ou sept clubs principaux.

122 En 2017, en 8e de finale de Ligue des champions, le PSG, après avoir gagné 4-0 chez lui, a été écrasé 6-1 par le FC Barcelone. Cet événement est resté sous le nom de *remontada*, la remontée en espagnol.

Chapitre 9
D'OÙ VIENT LE MALAISE ?

L'accroissement des disparités économiques entre clubs constitue l'un des principaux risques pesant sur le football européen car il compromet la survie et l'avenir des compétitions dans leur forme actuelle.

Une caste d'une quinzaine de clubs domine encore plus qu'auparavant le football européen sur le plan économique et sportif. Et cette domination s'est encore exacerbée depuis 2010.

Les « hyper-clubs » comme le Barça, le PSG ou le Bayern Munich écrasent encore plus qu'avant leurs championnats nationaux. Ils ne trouvent d'opposition crédible que lorsqu'ils se rencontrent entre eux lors des phases finales de Ligue des champions. L'incertitude sportive a disparu. La probabilité d'une super-ligue européenne fermée se fait de plus en plus concrète et a beaucoup monté. Mais l'avènement d'une telle ligue européenne et/ou le passage à des ligues fermées pourraient profondément chambouler le football européen comme jamais depuis la Seconde Guerre mondiale.

La situation dépasse dès lors le simple cadre du sport. Elle révèle l'état de nos sociétés et le football est son miroir.

Une rupture entre la société et le football ?

S'il est possible d'expliquer de façon quasi mécanique la flambée des salaires et des indemnités de transfert dans le football européen par la flambée des recettes des clubs[123], cela ne veut pas dire qu'il n'y a pas matière à s'interroger sur le caractère éthique des montants atteints.

Les « gros chiffres » ont créé un certain malaise au sein des sociétés européennes. Un certain nombre de citoyens se sont déclarés « choqués » par les indemnités de transfert atteints en 2017 et 2018[124]. Pour mieux comprendre le malaise, il convient de rappeler le contexte du marché du travail en Europe sur la décennie qui vient de s'écouler.

Les salaires des employés lambda progressent très faiblement en Europe

La très forte progression des rémunérations moyennes dans le football européen contraste avec la faiblesse de l'évolution des rémunérations des employés lambda dont le salaire n'a que très faiblement augmenté dans les pays développés depuis la Grande Récession de 2008-2009. En particulier, cette progression des salaires a été nettement plus faible que lors des décennies précédentes. La première cause de cette situation a été la forte montée du taux de chômage suite à la Grande Récession de 2008-2009 puis à la récession liée à la « crise de la zone euro » (2011-2013). Le taux de chômage en Europe a connu un pic sur la première moitié de l'année 2013. Il y a, de plus, d'autres formes de sous-utilisation de la main-d'œuvre qui pèse sur l'évolution des salaires[125] :

---

123 Cela s'explique notamment grâce aux mutations structurelles du secteur des télécommunications, à la mondialisation de la retransmission des matchs ou encore à l'accélération de l'arrivée de milliardaires au capital de clubs.

124 Voir par exemple le sondage en ligne réalisé par *Le Figaro* le 2 août 2017. À la question « Êtes-vous choqué par le montant (222 millions d'euros) du transfert de Neymar à Paris ? », 81 % des votants ont répondu « Oui ».

125 Voir par exemple Banque centrale européenne, « Assessing Labour Market Slack », 2017.

- le travail à temps partiel involontaire (personnes travaillant à temps partiel alors qu'elles souhaiteraient travailler à temps plein) ;
- les personnes découragées (personnes disponibles pour travailler mais ne cherchant plus d'emploi car la perspective d'y parvenir leur paraît trop faible) ;
- les personnes cherchant du travail mais n'étant pas immédiatement disponibles.

D'autres facteurs, comme la tertiarisation des emplois, la flexibilisation des emplois suite aux réformes du marché du travail dans plusieurs pays[126] ou encore la perte d'influence des syndicats, peuvent expliquer la faible dynamique des salaires en Europe.

En conséquence, l'évolution annuelle des salaires des employés en zone euro a été comprise entre 0,5 % et 2 % sur toute la période allant de 2009 à 2017, avec toutefois une forte variabilité selon les pays. On est loin des 10 % d'augmentation annuelle moyenne de la masse salariale des joueurs professionnels en Europe sur les deux dernières décennies.

Évolution annuelle de la rémunération par employé en zone euro / évolution de la masse salariale des clubs européens

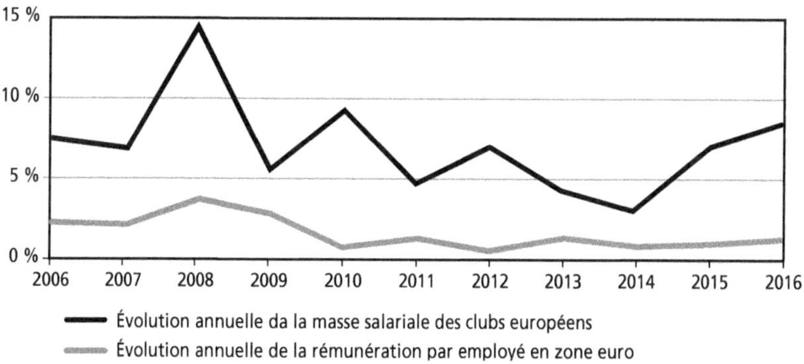

126 Voir le *Bulletin économique* 2016/03 de la Banque centrale européenne, « Recent wage trends in the euro area ».

La forte augmentation des rémunérations de footballeurs et des indemnités de transfert se produit dans un contexte de fort creusement des inégalités économiques. La part des plus aisés dans le revenu national a sensiblement augmenté dans de nombreux pays du monde lors des dernières décennies, en particulier aux États-Unis et au Royaume-Uni, mais aussi en Europe continentale[127].

Le décalage entre la progression des salaires moyens des footballeurs professionnels et celle des salaires des citoyens moyens n'est évidemment pas étranger à la propagation d'un certain malaise au sein de la société lorsque les chiffres d'hyper-rémunérations et d'indemnités de transfert record sont évoqués.

Certains footballeurs eux-mêmes éprouvent un certain malaise vis-à-vis de leurs propres rémunérations. Juan Mata, milieu de terrain de Manchester United, déclarait en avril 2016 : « Si on ne considère que le monde du football, je gagne un salaire normal. Mais je gagne des montants obscènes si l'on compare à 99,9 % de l'Espagne et du reste du monde. Nous estimons ce que valent nos salaires en comparant par rapport à nos coéquipiers et à ce que gagnent les joueurs ailleurs. Nous vivons dans une bulle. La vraie vie est celle que vivent mes amis, qui doivent chercher du travail, pointer au chômage et émigrer. Ma vie de footballeur n'est pas normale. »

Juan Mata a d'ailleurs annoncé vouloir reverser 1 % de son salaire à des associations caritatives liées au football et a fondé une association baptisée Common Goal pour aller dans ce sens. Il a été rejoint dans ce projet par, entre autres, la joueuse Alex Morgan et les joueurs Mats Hummels, Giorgio Chiellini ou Alassane Plea.

La focalisation excessive et déformante sur les « gros chiffres » du football

Le malaise au sein de l'opinion publique provient notamment et pour bonne part de la focalisation des médias sur les « gros chiffres ». Lors du transfert de Neymar au PSG, les articles du type « Que peut-

127 Voir par exemple les statistiques de la World Wealth & Income Database.

on acheter avec 222 millions d'euros ? » ont fleuri par dizaines dans la presse française et européenne.

Le Parisien indiquait par exemple qu'il était possible d'acheter trois avions de combat Rafale[128] pour ce montant. Pour sa part, *La Dépêche* indiquait que cette somme correspondait à la moitié du budget de la ville de Bordeaux[129]. Lors des plus gros transferts, les médias ont généralement mis l'accent sur ce que les joueurs coûtaient et beaucoup moins souvent sur ce qu'ils pouvaient rapporter, sportivement et financièrement.

Pourtant, les grands joueurs permettent de faire de meilleurs parcours sportifs (et donc de remporter des dotations financières de la part des ligues et de l'UEFA), d'attirer plus aisément les sponsors et de mieux vendre les droits TV.

De plus, la focalisation sur les hyper-rémunérations dans le football professionnel et les transferts record instille l'idée que tous les footballeurs professionnels constitueraient une caste homogène d'individus « valant » des centaines de millions d'euros et qui en toucheraient des dizaines. **Cette idée est totalement fausse.**

Le marché du travail des footballeurs est très segmenté[130]. Il est possible de le schématiser comme étant composé de deux catégories de joueurs : les joueurs d'excellent niveau, très talentueux mais aussi très rares, et les joueurs de niveau moyen, moins efficaces mais très abondants. Il existe toujours des clubs désirant recruter les joueurs d'excellent niveau : il n'y a donc pas de chômage pour eux, leur pouvoir de négociation est très élevé, les salaires négociés sont très élevés et les indemnités de transfert très élevées également.

---

128 « 222 millions d'euros pour Neymar : à quoi correspond cette somme folle ? », *Le Parisien*, 2 août 2017.

129 « 222 millions d'euros : que pourrait-on acheter avec le prix de Neymar ? », *La Dépêche*, 2 août 2017.

130 Voir par exemple J.-F. Bourg et J.-J. Gouguet, *Économie du Sport*, La Découverte, 2001 ; et B. Drut, *Économie du football professionnel*, La Découverte, 2014.

Pour les joueurs de niveau moyen, la concurrence est en revanche extrêmement forte. De nombreux joueurs sont au chômage. Leur pouvoir de négociation est faible. Les salaires négociés sont beaucoup plus faibles que ceux des joueurs d'excellent niveau et leurs indemnités de transfert sont faibles ou nulles. D'après le *Global Market Transfer Report* de la FIFA, **84 % des transferts internationaux de joueurs n'ont pas donné lieu au versement d'une indemnité de transfert en 2017** ! Nous sommes donc très loin des idées reçues que beaucoup ont sur le football.

En réalité, la précarité est beaucoup plus élevée chez les joueurs professionnels que ce qui est généralement prétendu ou sous-entendu dans les médias. Chaque année, une centaine de joueurs professionnels se retrouvent sans club en France. Les principales conclusions de l'enquête du syndicat de joueurs FIFPro auprès de 14 000 joueurs professionnels dans 54 pays sont édifiantes[131] :

- moins de 2 % des joueurs gagnent plus de 720 000 dollars par an alors que plus de 45 % des joueurs gagnent moins de 1 000 dollars par mois ;
- 41 % des joueurs ont fait face à des retards dans le versement de leurs salaires lors des deux dernières saisons ;
- la durée moyenne des contrats de joueurs est de 22,6 mois et le contrat est d'autant plus court que le salaire est faible ;
- 29 % des joueurs transférés contre une indemnité de transfert l'ont été contre leur volonté.

En montant en épingle les hyper-rémunérations et les indemnités de transfert record d'une poignée de joueurs, **le sensationnalisme autour des « gros chiffres » crée un malaise au sein de l'opinion publique**. Cela a un côté paradoxal car la réalité est difficile pour un très grand nombre de footballeurs professionnels qui ne sont pas, eux, des stars à la carrière longue et brillante.

---

131 FIFPro, *2016 Global Employment Report*.

Les hyper-rémunérations ne sont pas propres au football

Le malaise ressenti par l'opinion publique au sujet des « gros chiffres » du football ne concerne que les salaires et les indemnités de transfert d'une minorité de stars. Le phénomène de starisation[132] est largement amplifié par les médias, qui focalisent leur attention sur quelques joueurs[133].

Le développement des moyens de communication et l'essor des réseaux sociaux ont permis de mettre davantage en évidence les différences de talent entre joueurs, mais surtout de monétiser beaucoup plus qu'auparavant le potentiel commercial des joueurs les plus célèbres. Ainsi, les stars du football nouent des contrats publicitaires qui dépassent parfois le salaire que leur verse leur club. Par exemple, pour la saison 2016-2017, le magazine *Forbes* affirme que Neymar a perçu une rémunération de 15 millions de dollars de la part du FC Barcelone mais qu'il a gagné 22 millions grâce à ses contrats publicitaires.

La très forte augmentation des rémunérations des stars n'est pas propre au football. Dans le cadre du sport, les stars du tennis, du basket, du golf ou de Formule 1 ont vu leur rémunération très fortement augmenter ces dix dernières années. Les rémunérations totales (salaires et contrats publicitaires) du tennisman Roger Federer ou du basketteur Lebron James sont à peu près comparables à celles de Lionel Messi et Cristiano Ronaldo.

---

132 Voir la théorie des superstars développée par Sherwin Rosen, « The Economics of Superstars », *American Economic Review*, 1981.

133 Jérôme Latta, rédacteur en chef des *Cahiers du football*, a calculé sur le blog « Une balle dans le pied » que le journal *L'Équipe* a fait sa une sur le PSG 113 fois sur 362 en 2017.

Rémunération totale
(en millions de dollars)

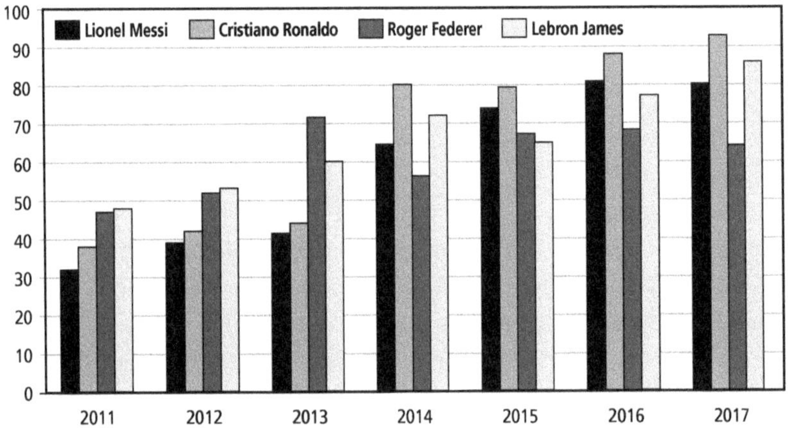

D'après Forbes.

La très forte évolution des rémunérations des stars dépasse largement le cadre du sport comme en atteste par exemple le classement des rémunérations des célébrités publié chaque année par le magazine *Forbes*. Un grand nombre de musiciens, de comédiens, d'acteurs mais également de grands dirigeants d'entreprises perçoit des rémunérations comparables à celles des stars du football. Par exemple, les musiciens Beyoncé Knowles, Drake et Justin Bieber ont perçu en 2017 des rémunérations sensiblement équivalentes à celles de Cristiano Ronaldo et de Lionel Messi[134]. Chacun se forgera son opinion sur les mérites respectifs de ces personnalités et en débattre n'est pas l'objet ici. En revanche, il est important d'avoir en tête que le phénomène d'hyper-rémunérations des célébrités est loin de ne toucher que le monde du football.

Le développement de ces hyper-rémunérations contribue mécaniquement au creusement des inégalités économiques et c'est l'outil fiscal qui est le plus pertinent pour lutter contre ces

134 Voir classement *Forbes* des rémunérations des célébrités en 2017.

dernières. Taxer de manière particulière les rémunérations des footballeurs serait étrange et remettrait en cause le principe d'égalité devant l'impôt. Le développement d'hyper-rémunérations doit être pensé comme un phénomène global et doit être traité comme tel, notamment avec une réflexion sur la taxation des très hauts revenus au sein des sociétés occidentales[135] et sur l'harmonisation fiscale sur le plan européen.

Marché des transferts dérégulé, cupidité des « mercenaires » du foot et de leurs agents : une régulation s'impose

Nombre de fans de football et d'observateurs sont de plus en plus mal à l'aise devant l'évolution du marché des transferts, notamment à cause de « mercenaires » qui ne seraient motivés que par l'argent[136] et à cause d'agents de joueurs qui accéléreraient le nombre de transferts afin de capter davantage de commissions.

L'augmentation du nombre de transferts a été spectaculaire ces dernières années. Sur la période 2011-2017, le nombre de transferts internationaux[137] a crû à un rythme de 5 % par an en moyenne. 15 624 transferts internationaux ont eu lieu en 2017 (contre 11882 en 2011), occasionnant le versement de 6,4 milliards de dollars d'indemnités de transfert.

---

135 Voir par exemple T. Piketty, E. Saez et S. Stantcheva, 2014, « Optimal Taxation of Top Labor Incomes: A Tale of Three Elasticities », *American Economic Journal: Economic Policy*, 2014.

136 Lors du transfert d'Alexis Sanchez en janvier 2018 d'Arsenal à Manchester United, l'ancien défenseur d'Arsenal Martin Keown a déclaré que le Chilien était le « plus grand mercenaire du football » et que son choix n'avait été déterminé que par l'argent.

137 C'est-à-dire où le club qui engage et le club qui libère sont de deux pays différents.

Indemnités versées lors des transferts internationaux
(en milliards de dollars)

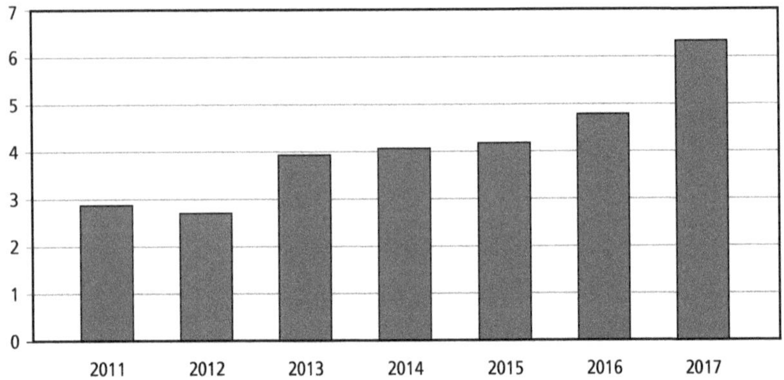

D'après la FIFA.

La conséquence directe de l'accélération des transferts est la forte augmentation des commissions versées aux agents. Lors de son rapport annuel publié en janvier 2018, l'UEFA a calculé sur un échantillon de 2 000 transferts impliquant des clubs européens sur la période 2013-2017 que les commissions d'agents versées s'étaient élevées à 1 270 millions d'euros[138].

L'UEFA indique que les commissions d'agent versées en Europe sont nettement supérieures à ce montant car les transactions considérées dans son estimation ne représentent que 40 % du volume des indemnités versées par les clubs européens sur la période. **On peut donc raisonnablement estimer que les clubs européens versent environ 800 millions d'euros de commissions d'agent chaque année.** Certains agents célèbres ont amassé des fortunes considérables. Mino Raiola aurait, par exemple, touché 49 millions d'euros lors du transfert

138 Les commissions d'agent représentent une part d'autant plus élevée de l'indemnité de transfert que celle-ci est faible. Pour les transferts avec une indemnité inférieure à 100 000 euros, la commission moyenne est de 40,2 % de l'indemnité de transfert. Elle est de 9,2 % en moyenne pour les transferts de plus de 5 millions d'euros.

de Paul Pogba de la Juventus à Manchester United en 2016[139]. D'après le magazine *Forbes*, les commissions perçues en 2017 par les agents Jorge Mendes, Jonathan Barnett, Mino Raiola et Volker Struth se sont élevées à respectivement 76,9 millions, 53,4 millions, 43,5 millions et 34,3 millions d'euros[140]. Ces montants sont du même ordre de grandeur que les rémunérations perçues par les meilleurs joueurs du monde (93 millions de rémunération totale pour Cristiano Ronaldo).

Avec l'augmentation des montants en jeu, le business des transferts est donc devenu extrêmement juteux pour certains agents. **On peut légitimement se poser la question de savoir si le marché des transferts ne serait pas de plus en plus pris d'assaut par quelques individus prêts à tout pour empocher des commissions de plus en plus élevées**.

Dans ce contexte, on aurait pu s'attendre à **davantage de régulation des transferts, mais la profession d'agent a été, au contraire, dérégulée récemment par la FIFA** : depuis le 1er avril 2015, les agents ne sont plus tenus de détenir une licence FIFA et chaque fédération nationale est libre d'encadrer la profession d'agent comme elle l'entend (l'obtention d'une licence FFF est obligatoire en France pour encadrer un joueur en France).

Un groupe de travail réunissant l'UEFA, le syndicat de joueurs FIFPro, l'ECA (Association des clubs européens) et l'EPFL (Association des ligues professionnelles européennes) a publié un communiqué commun comprenant les points suivants :

- « La transparence des transactions financières impliquant des agents n'a pas augmenté suite aux nouvelles règles de la FIFA. »

---

139 « L'agent de Pogba a touché l'équivalent de quatre ans de financement du football amateur français », *Le Monde*, 10 mai 2017.

140 Nous ne faisons volontairement pas mention du personnage controversé de Constantin Dumitrascu, présenté par le classement *Forbes* comme l'agent du football ayant perçu les rémunérations les plus élevées en 2017. Voir l'article « Constantin Dumitrascu – a case study into *Forbes* 'World's most powerful soccer agent' » sur le site futbolgrad.com.

- « Le nombre d'individus ou d'entreprises jouant le rôle d'agent a augmenté de façon substantielle, ce qui peut avoir accru un peu plus la demande pour des joueurs toujours plus jeunes. »
- « La qualité des services fournis aux clubs et aux joueurs par les agents a baissé en moyenne. »
- « Les nouvelles règles de la FIFA n'ont pas ralenti l'inflation des indemnités payées aux agents (qui, de l'avis général, étaient disproportionnées par rapport aux services rendus) et ont plutôt contribué à une croissance disproportionnée de ces indemnités. »

Dans une interview au *Telegraph* en janvier 2018[141], le président de l'UEFA Aleksander Ceferin a déclaré que la dérégulation de la FIFA avait été « absolument mauvaise » et qu'il était nécessaire « d'établir une limite sur la commission qu'un club peut payer à un agent ». Selon lui, les clubs sont « pris en otage » par les agents, qui les approcheraient de la façon suivante : « Si vous ne me payez pas la moitié de l'indemnité de transfert, le joueur ira ailleurs. » Il ajoute : « La situation est chaotique. Tout le monde peut être agent. C'est une jungle sans règles, où il y a de l'argent sale et des commissions extrêmement élevées… Il est effrayant de voir que certains empochent 20 millions pour une réunion d'une demi-heure. Mais c'est à la FIFA de réguler cette activité. »

L'un des directeurs de FIFPro, Jonas Baer-Hoffmann, estime que les commissions d'agent sont désormais « très souvent » une fraction de l'indemnité de transfert, plutôt qu'une fraction du salaire du joueur[142] et que cela constitue un « problème majeur ». Il explique que les agents « peuvent avoir une plus grande influence sur la destination du joueur que le joueur lui-même ou les clubs » et que « leur intérêt n'est pas seulement de savoir où un joueur ira, mais quel club paiera

141 « We must stop world's richest clubs buying all the best players », *The Telegraph*, 22 janvier 2018.

142 « Agents' runaway gravy train set to be derailed in bid to curb excessive fees », *The Guardian*, 1er février 2018.

l'indemnité de transfert la plus élevée ». On est loin du rôle d'intermédiation que doivent théoriquement jouer les agents de joueurs.

Gianni Infantino, président de la FIFA depuis 2016, se montre lui-même, après la réforme relative aux agents, inquiet. Il a ainsi déclaré en février 2018[143] : « Je pense que l'augmentation des commissions des agents a pris une direction inquiétante. Beaucoup d'agents sont d'accord avec moi et souhaitent une surveillance accrue. Aujourd'hui, il n'y a pas de règle. On peut faire ce que l'on veut. Mais la réalité nous montre qu'il y a des risques de corruption et de blanchiment d'argent. Ce n'est pas moi qui le dis, il y a de nombreux rapports des autorités qui montrent que c'est le cas. »

Les principales parties prenantes du football professionnel européen (joueurs, clubs, ligues, instances) semblent d'accord sur l'objectif de mieux réguler le marché des transferts afin d'éviter les dérapages concernant les indemnités de transfert ou la recherche de joueurs toujours plus jeunes[144]. Le challenge résidera surtout dans la recherche de nouvelles règles et de nouveaux mécanismes satisfaisant le plus grand nombre et en accord avec le droit européen.

Une redistribution encore largement à inventer

Le fossé grandissant entre quelques très grands clubs et le reste du monde du football (petits clubs professionnels et football amateur) pose la question de la redistribution des richesses au sein de ce sport. On peut par exemple se demander si une part des ressources des très grands clubs ne devrait pas être redistribuée en faveur du football amateur, voire en faveur des équipements sportifs des zones périurbaines dont de plus en plus de joueurs professionnels sont is-

143 « FIFA president Gianni Infantino backs transfer-market reform », *ESPN*, 14 février 2018.

144 Le livre *Magique Système : L'esclavage moderne des footballeurs africains*, de Barthélemy Gaillard et Christophe Gleizes, aborde l'exploitation des très jeunes joueurs en Afrique (Marabout, 2018).

sus. Certains mécanismes de redistribution existent déjà, mais ceux-ci sont encore largement à améliorer et à réinventer.

Une partie des indemnités de transfert doit déjà être versée aux clubs formateurs : tout transfert d'un joueur âgé de moins de 23 ans doit donner lieu au versement d'une « indemnité de formation » aux clubs formateurs, et tout transfert, que le joueur ait moins de 23 ans ou non, doit donner lieu au versement d'une « contribution de solidarité ». La contribution de solidarité correspond à 5 % de l'indemnité de transfert. Dans le cadre du recrutement de Paul Pogba, Manchester United a versé près de 400 000 euros à l'Union sportive de Roissy-en-Brie où l'international a joué jusqu'à ses 13 ans[145]. Toutefois, de l'aveu même du président de la FIFA, il arrive que ce mécanisme ne soit pas appliqué. Gianni Infantino a proposé récemment que ces indemnités soient directement versées sur un compte de la FIFA qui s'assurerait de la redistribution aux clubs responsables de la formation. La répartition de ces contributions entre les différents clubs formateurs ainsi que le niveau de prélèvement peuvent également être rediscutés.

Les « indemnités de formation » et les « contributions de solidarité » ne rétribuent que les clubs qui ont eu la chance de voir passer les futures stars du football, mais pas les autres. Elles ne constituent donc pas une politique de redistribution à part entière. En France, la taxe Buffet votée en 2000 prélève 5 % sur la vente des droits de retransmission des manifestations sportives : le produit de cette taxe est affecté au Centre national pour le développement du sport (CNDS) depuis 2006, cet organisme ayant perçu 39,3 millions d'euros en 2017 grâce à cette taxe. Son montant serait trop faible de l'avis de certains, mais le problème que l'on rencontre ici est que le football professionnel est un secteur extrêmement ouvert et internationalisé : lorsqu'un pays taxe sous une forme ou une autre les revenus de ses clubs de façon unilatérale, son championnat professionnel perd immédiatement en compétitivité face à ses concurrents.

---

145 « Les clubs formateurs sont-ils floués ? », *So Foot*, 12 août 2016.

Dans un contexte d'hyper-concurrence au niveau européen, l'UEFA et les autorités européennes ont un grand rôle à jouer. Contrairement à ce que proposent un certain nombre de politiciens, la régulation du football professionnel ne peut se faire qu'au niveau européen, et finalement assez peu au niveau national.

Le président de l'UEFA Aleksander Ceferin a multiplié les demandes de soutien envers les responsables politiques européens, notamment en ce qui concerne la création d'une *luxury tax*[146]. Ni le mécanisme de fonctionnement concret de cette taxe ni la redistribution de son produit n'ont encore été dévoilés, mais cela constitue une piste d'autant plus intéressante que l'UEFA semble y travailler avec la Commission européenne. La redistribution au sein du monde du football reste donc encore largement à inventer, mais elle passera inéluctablement par la coopération internationale.

Entretien avec Christophe Lepetit

Responsable des études économiques et des partenariats au Centre de droit et d'économie du Sport (CDES), Christophe Lepetit est un observateur avisé du sport et de ses grandes mutations. Il nous livre son point de vue sur les évolutions en cours dans le football européen et les régulations qu'il appelle.

Quel regard portez-vous sur l'évolution des commissions des agents « stars » ?

Les indemnités de transfert et les salaires des joueurs, en particulier des joueurs « stars », connaissent depuis vingt-cinq ans une très forte inflation. Il n'est donc pas illogique de constater dans le même temps une très nette augmentation des commissions perçues par les agents ou mandataires sportifs des joueurs. L'importance qu'elles prennent ces dernières années d'un point de vue général (près d'un demi-milliard de dollars) ou sur certains transferts de joueurs (tels ceux de Javier Pastore

146 En NBA, la masse salariale des franchises est plafonnée et une *luxury tax* s'applique à la part de la masse salariale dépassant le seuil maximal fixé.

de Palerme au PSG en 2012 ou de Paul Pogba de la Juventus à Manchester United en 2017) interpelle.

Elles posent des questions sur deux plans.

D'un point de vue moral et éthique : le seul travail d'un Mino Raiola ou d'un Jorge Mendes justifie-t-il de telles rémunérations ? Ces sommes ne masquent-t-elles pas certaines dérives (rétro-commissions, fraude ou évasion fiscale, etc.) ?

D'un point de vue sportif et économique : la concentration du marché entre les mains d'un nombre limité d'agents stars peut potentiellement être dangereuse, tout comme l'influence que ces derniers peuvent être amenés à exercer sur la politique sportive de certains clubs ou l'incitation à la mobilité des joueurs au détriment du principe de stabilité contractuelle.

Dès lors, il semblerait opportun de revenir sur la dérégulation opérée par la FIFA en 2015 avec deux objectifs au moins : une limitation du montant des commissions et la transparence du système.

Quelle direction devrait prendre la régulation du marché des transferts ?

Une régulation du marché des transferts nous semble aujourd'hui plus que nécessaire, notamment car les objectifs ayant conduit à la précédente réforme ne sont que partiellement atteints. La nature même des activités de transferts impose que cette réforme – profonde – soit globale et embrasse un grand nombre de considérations (sportive bien sûr, mais aussi économique, juridique, financière, éthique, géographique...). Par ailleurs, il semble important que cette réforme soit menée de façon concertée entre les parties prenantes (FIFA, FIFPro, confédérations, pouvoirs publics...).

Les mesures envisagées devraient notamment viser deux objectifs principaux : accroître la transparence du système et des transactions afin de limiter le risque de dérives (financières ou même humaines avec le trafic d'êtres humains) ; maintenir l'équilibre compétitif en assurant une solidarité beaucoup plus importante qu'à l'heure actuelle en sécurisant et renforçant les mécanismes de redistribution au sein de l'économie du football.

Partant de ces objectifs, de nombreuses mesures pourraient être envisagées : limitation du montant des indemnités de transferts (*transfer cap*), du nombre de joueurs sous contrat, régulation du système de prêts de joueurs, encadrement des commissions d'agents, augmentation de l'indemnité de formation et de la contribution de solidarité, renforcement du système de résolution des litiges…

L'ampleur des mesures doit aussi être analysée au regard de leur respect des droits nationaux ou transnationaux, et notamment du droit de l'Union européenne.

Comment organiser la redistribution entre les ligues professionnelles et le football amateur ?

La redistribution peut être tout à la fois « contrainte », c'est-à-dire prévue dans le cadre de dispositifs législatifs (tels que la fameuse taxe Buffet en France) ou réglementaires (tels que la contribution de solidarité ou les indemnités de mutation), mais elle peut être aussi volontaire c'est-à-dire organisée sous l'égide des fédérations, ligues professionnelles ou des clubs eux-mêmes.

Sur le premier point, ce sont des dispositifs (taxe sur les droits TV, taxe sur les transferts) qui permettent un ruissellement parfois important au sein de toute la chaîne du football.

Sur le second point, l'aspect financier peut être moins important, mais l'impact social élevé.

De plus en plus de clubs ont d'ailleurs pris conscience de leur rôle social et de la nécessité d'être connectés avec leur territoire et ses acteurs et ont développé des actions en partenariat avec eux. Ce type d'initiative devrait certainement être encouragé, voire généralisé dans le cadre de programmes de Responsabilité Sociale des Entreprises (RSE) par exemple.

CONCLUSION

Verra-t-on encore régulièrement des transferts à plus de 100 millions d'euros dans les années à venir ? Oui, c'est très probable.

Est-ce le signe d'une bulle prête à éclater ? Non, les très grands clubs européens ont les moyens de financer les hyper-rémunérations et les méga-transferts qui ont attiré l'attention récemment. L'émergence de ces hyper-rémunérations et de ces méga-transferts ne fait que suivre la très forte augmentation des recettes des clubs. La santé financière des clubs s'est même globalement améliorée ces dernières années.

Parler de bulle dans le football européen ne paraît tout simplement pas approprié. En réalité, l'économie du football professionnel a connu des changements radicaux au cours des dix dernières années, avec une augmentation très rapide des recettes des plus grands clubs, notamment en raison de l'explosion perpétuelle des droits TV et de la flambée des contrats de sponsoring.

La retransmission des championnats européens et de la Ligue des champions est devenue un produit d'appel pour la télévision payante, les fournisseurs d'accès internet, et peut-être bientôt pour les géants du numérique comme Amazon ou Facebook. En conséquence, les droits TV n'ont cessé de grimper depuis vingt ans. De plus, les grands clubs européens ont enfin réussi à monnayer leur notoriété globale et en particulier leur poids sur les réseaux sociaux en nouant des contrats de sponsors avec des entreprises de plus en plus internationales. Enfin, l'arrivée de très nombreux milliardaires au capital des clubs européens a induit l'injection de plusieurs milliards d'euros dans le football européen. Clairement, **le football**

professionnel n'a jamais été aussi connecté aux évolutions et aux mutations de l'économie mondiale.

Si les propos catastrophistes sur l'éclatement d'une bulle spéculative ne semblent pas pertinents, il convient de souligner que **les risques pour le football professionnel européen sont nombreux et que ceux-ci sont de plusieurs ordres**. Les cas d'évasion fiscale se sont multipliés ces dernières années et les condamnations des superstars ont été de plus en plus lourdes : qu'adviendrait-il des grands championnats européens si leurs stars se retrouvaient derrière les barreaux ? On peut également mentionner les risques liés à la montée des nationalismes et leurs potentiels effets « disruptifs » sur les compétitions européennes.

Enfin, l'un des plus grands risques pour le football européen concerne **la divergence croissante entre les ressources des très grands clubs et celles des clubs les plus modestes**. Les écarts de ressources sont si grands que l'on peut désormais légitimement se poser la question de la pérennité des compétitions et de leur intérêt sportif dans leur forme actuelle.

Les changements drastiques de l'économie du football professionnel rendent donc encore plus nécessaires **une régulation efficace du système des transferts et une meilleure redistribution des ressources**. Celles-ci ne pourront se faire qu'au niveau international car le football professionnel est l'un des domaines d'activité les plus globalisés que l'on puisse trouver. Il est donc illusoire de penser que la solution sera trouvée au niveau strictement national. L'UEFA, la FIFA, les clubs et les joueurs eux-mêmes semblent tous être d'accord avec l'idée d'une meilleure régulation et d'une meilleure redistribution, mais la difficulté sera ailleurs : elle consistera en la recherche d'un consensus qui satisfasse toutes les parties et qui soit en adéquation avec le droit européen.

L'heure n'est pas à la révolution, mais le temps d'une grande remise à plat semble proche…

BIBLIOGRAPHIE

Bastien Drut, *Économie du football professionnel*, La Découverte, 2014.

Bastien Drut et Richard Duhautois, *Sciences sociales football club*, De Boeck, 2015.

Alex Duff et Tariq Panja, *Football's Secret Trade: how the Player Transfer Market Was Infiltrated*, John Wiley & sons, 2016.

Barthélemy Gaillard et Christophe Gleizes, *Magique système : L'esclavage moderne des footballeurs africains*, Marabout, 2018.

Simon Kuper et Stefan Szymanski, *Les attaquants les plus chers ne sont pas ceux qui marquent le plus et autres mystères du football décryptés*, De Boeck, 2016.

Jean-Baptiste Guégan, *Géopolitique du sport, une autre explication du monde*, Bréal, 2017.

James Montague, *The Billionaires Club: the Unstoppable Rise of Football's Super-Rich Owners*, Bloomsbury Sport, 2017.

Baudry Rocquin, *Le sport en France, histoire, économie et sociologie*, Bréal, 2017

Gabriel Zucman, *La Richesse cachée des nations : enquête sur les paradis fiscaux*, Seuil, 2017.

Lettres hebdomadaires du CIES : http://www.football-observatory.com

Ecofoot.fr

Remerciements

Merci à Myriam Pasek
de m'avoir fait confiance pour cet ouvrage.

Merci à Raffaele Poli, Michel Desbordes,
Carole Gomez, Christophe Lepetit, Simon Chadwick,
Jean-Baptiste Guégan, Grégory Schneider et Anthony Alyce
d'avoir très gentiment accepté de répondre à mes questions.
Je mesure à quel point votre temps est précieux.

Merci à Jean-Baptiste Dherbecourt pour sa relecture chirurgicale.
Fidèle au poste !

Un très grand merci à Jean-Baptiste Guégan
pour son aide, ses multiples relectures, ses suggestions
et tout le temps qu'il m'a consacré. Je te souhaite le meilleur
avec ton bébé « Coupe du monde ».

Enfin,
merci à Juliette, Léon et Suzanne
de m'avoir une fois de plus laissé prendre le temps
d'écrire sur le foot.
Je vous aime.